UNE

AME D'ADOLESCENT

In-8° — 2ᵉ Série

La Communion.

UNE

Ame d'Adolescent

PAR

L'ABBÉ J. M.

PROFESSEUR DE PHILOSOPHIE

LIMOGES

Marc BARBOU & Cie Editeurs

RUE PUY-VIEILLE-MONNAIE

UNE

AME D'ADOLESCENT

I

LA FAMILLE

L'aimable enfant à qui sont consacrées ces pages vint au monde le 22 juin 1867, un samedi, jour consacré à la Très Sainte Vierge, et dans l'octave du Très Saint-Sacrement.

Marie ! l'Eucharistie ! Ces deux noms rayonnent comme une brillante auréole autour de cette douce et vaillante physionomie d'adolescent. C'est sa confiance en Marie qui fut le levier de son courage, comme la Communion fut la source de sa force.

François Tixier était le second enfant d'une famille d'agriculteurs aisés, dont la vie laborieuse s'écoulait au milieu des rudes travaux des champs.

Ses premières années furent tranquilles et heureuses : il les passa alternativement dans la demeure de ses parents maternels, située à quelques minutes du petit bourg de Parsac, dans la Creuse, et dans le village de Montignat, où habitait la famille de son père.

Tout ce qui lui rappelait plus tard ses jours d'enfance passés à Montignat lui faisait une impression profonde, et l'image de ce rustique séjour viendra souvent, pendant sa courte existence, le remplir de vives émotions.

Il y était resté presque continuellement pendant les deux années qui précédèrent le moment où il dut aller à l'école. Mais alors, il lui arriva fréquemment de laisser, au sortir de la classe, son frère Jean, qui était plus âgé que lui, revenir seul auprès de sa mère, qui habitait au petit village des Andrieux, pour aller passer le reste de la journée à Montignat.

Presque chaque soir, à la belle saison, il s'engageait d'un pas rapide dans les pittoresques sentiers et les chemins creux bordés de haies touffues et arrivait bientôt à son séjour préféré. Puis, il conduisait le bétail au pâturage, et c'était toujours en chantant qu'il le ramenait à l'étable.

De temps en temps, son père venait le rejoindre, lorsque son aide était utile à l'exploitation du domaine. Les jours de congé, le petit François se plaisait à le suivre dans ses travaux. Sa plus grande jouissance était de l'accompagner au labour, marchant à côté de la charrue, excitant les bœufs de sa voix enfantine, prenant plaisir à entendre la voix de son père qui égayait par ses chants la marche monotone de l'attelage.

« Dieu sait combien je l'aimais ce tendre père ! — écrit-il en tête d'une des nombreuses pages détachées auxquelles il confiait ses impressions, lorsqu'il fut au collège. — Je me souviens que le soir, après avoir passé sa journée dans les pénibles travaux des champs, son seul délassement était de me prendre sur ses genoux et de me chanter quelque petit air. Je souriais d'abord, je passais mes petites mains autour de son cou et bientôt le sommeil venait me surprendre.

» Lorsque je commençai à aller à l'école, chaque soir il prenait mon livre et me faisait lire. Je le vois prenant une petite baguette pour me montrer les lettres... Comme il était content et riait avec joie, lorsque, après m'avoir fait chercher quelque temps, je parvenais à lui dire le mot! Que j'étais heureux aussi lorsque, assis sur ses genoux, je lui récitais ma prière!

» Mon frère aîné mourut : ce fut pour nous tous un grand chagrin. Mon père tourna sur moi toute la tendresse qu'il avait pour mon frère. Je reposais la nuit près de lui. Que de fois minuit nous surprenait causant, tantôt des travaux de la saison, tantôt de mon avenir ! »

Cette petite âme délicate s'ouvrait à tous les charmes de la vie champêtre ; et comme une harpe dont les cordes vibrent au souffle des vents qui passent, elle s'imprégnait de toute la poésie que chantent les voix innombrables de la nature. Il lui en restera un fond de mélancolie rêveuse et d'exquise sensibilité unies à une calme énergie.

L'âge de la première communion approchait, François dut se fixer auprès de sa mère pour assister chaque matin au catéchisme. Il s'y fit remarquer par son intelligence et sa piété et mérita la première des récompenses accordées aux plus sages et aux plus diligents.

Les leçons de sa pieuse mère avaient de bonne heure tourné vers Dieu ce tendre cœur et lui avaient appris à redouter le péché. Aussi, fut-il toujours exact à faire régulièrement et avec un religieux respect sa prière matin et soir et à ne fréquenter qu'un ou deux compagnons d'école, avec lesquels il remplissait les fonctions d'enfant de chœur.

C'est dans ces dispositions qu'il s'approcha pour la première fois du sacrement de l'Eucharistie. Il parlait volontiers du bonheur avec lequel il avait accompli ce grand acte.

Il avait alors douze ans.

A cet âge où tout sourit à l'enfant qui ne connaît encore que les douceurs du foyer domestique, commençait au contraire pour lui une nouvelle phase toute pleine de tristesses. Désormais, le riant tableau de sa naïve enfance se voile : son jeune cœur va être oppressé par les amertumes qui affligeront les siens et agité par les troubles d'une conscience qui aura de douloureuses luttes.

Il trouvera une source de souffrances intimes et profondes, là même où il avait puisé tant de vives et charmantes jouissances, dans la vie de famille.

Depuis plusieurs années, deux petits frères jumeaux étaient venus prendre la place de l'aîné enlevé par une terrible maladie.

Le père se trouva subitement atteint d'un mal, d'abord inconnu, qui ne tarda pas à lui interdire tout travail. Il se retira auprès de ses vieux parents, dans le village où il était né.

Le fils eut un grand chagrin de cette séparation.

Il recommença à partager son temps libre entre deux foyers. Le mercredi et le samedi, il partait, après la classe, quelquefois accompagné de sa mère et de ses frères, mais le plus souvent seul.

Désireuse de conserver son enfant dans les dispositions où sa sollicitude chrétienne s'était appliquée à le maintenir, sa mère voulut lui assurer une éducation qui fût la sauvegarde de sa foi et de sa vertu. Elle parla de le placer au petit séminaire voisin.

C'était aller contre la manière de voir de la famille du père, qui avait déjà fait choix d'un lycée où se trouvait comme professeur un proche parent.

Ainsi commença une lutte funeste que connaissent, hélas! de nos jours, bon nombre de mères chrétiennes et dont l'objet est ce qu'il y a au monde de plus aimable et de plus sacré : l'âme d'un enfant.

Comme tant d'autres, la mère du jeune François eut à combattre, mais son courage fut énergique et persévérant. Elle avait vu des mères condamnées à verser des larmes que rien ne pouvait plus consoler, pour n'avoir su ou n'avoir pu peut-être soutenir et garder leurs droits inviolables à diriger l'éducation de leurs fils; elle ne voulut à aucun prix abandonner l'âme et le cœur de son enfant à des maîtres qui n'ont aucun souci ou aucun pouvoir de les former aux grandes vertus du christianisme, et sont même les premiers, parfois, à ébranler en eux les seuls vrais principes de la vérité immuable et de la vraie morale dont l'Evangile est la source unique.

C'était bien assez déjà d'avoir à préserver l'enfant de ce souffle délétère du vice qui émane aujourd'hui de tout et de partout, flétrit tant de jeunes âmes, que celles qui arrivent à la jeunesse avec les grâces et la simplicité de l'innocence ne sont plus qu'une très rare exception.

Avant de s'épanouir sous l'action de la grâce divine, ce cœur si bon, si bien fait pour les aspirations élevées, devait subir, lui aussi, l'influence pernicieuse que ne peuvent prévenir les soins les plus attentifs et les plus intelligents.

Cette frêle tige va s'incliner et se courber jusqu'à terre, prête à se briser ; bientôt, du moins, elle se relèvera avec une vigueur affermie par l'orage et fera regretter, quand le Maître viendra la moissonner dans sa fleur, les fruits qu'elle promettait.

Pour l'arracher à l'éducation cléricale si redoutée, on travailla systématiquement à la rendre odieuse à François, pour mettre dans sa résistance un obstacle de plus au dessein de la mère.

Celle-ci put pressentir dès lors tout ce qui serait tenté plus tard pour détruire son influence sur le cœur et l'esprit de son fils. Elle comprit que le temps pressait de l'abriter sous la garde du dévouement éclairé par la religion et n'en mit que plus d'ardeur à poursuivre son projet. Toutes ses mesures furent donc prises pour assurer à François une place au petit séminaire.

II

LE COLLÈGE CHRÉTIEN

François Tixier était dans sa treizième année lorsqu'il entra au petit séminaire d'Ajain, au mois d'octobre 1879.

Il fut un des derniers à bénéficier de l'habile direction d'un prêtre pieux et modeste qui, pendant de longues années, dépensa son zèle à former, avec un rare succès, les plus jeunes élèves à la piété, tout en leur inspirant une singulière ardeur au travail et leur donnant une solide instruction élémentaire.

Ce fut une bénédiction pour le jeune Tixier de rencontrer, dès son arrivée au collège, un tel maître qui l'intéressa et lui fit trouver des charmes à un genre de vie contre lequel son esprit était déjà prévenu.

Il suivit le courant et parut goûter les saintes industries à l'aide desquelles le professeur savait admirablement communiquer à son petit troupeau une naïve et toute filiale confiance en Marie et un amour généreux pour le Sacré Cœur de Jésus, présent et vivant au saint autel, dans le sacrement de l'Eucharistie.

L'entrain communicatif du professeur savait, en classe ou au catéchisme, revêtir ses leçons d'une forme originale qui captivait ces jeunes enfants et gravait dans leur esprit les enseignements les plus relevés de la religion, comme les règles les plus ardues de la grammaire.

Les examens de ses élèves constataient chaque fois les résultats extraordinaires que la pratique d'une piété éclairée peut produire dans les études chez les enfants les plus jeunes et les plus légers.

Une parole pittoresque et toute enflammée relevait, en temps opportun, les plus apathiques et mettait, dans cette classe ordinairement nombreuse, une vie et une activité qui la distinguaient entre toutes.

Le maître savait ne rien demander qu'au nom de la Très Sainte Vierge, qui était comme la première maîtresse. Tous les devoirs étaient offerts à Marie par une devise inscrite en tête de chaque copie, et il n'était rien qu'on n'obtînt en fait d'application et de bonne volonté de ce groupe charmant d'écoliers.

Ceux qui avaient fait leur première communion s'approchaient presque tous régulièrement de la sainte Table, les dimanches et jours de fêtes.

C'est par ce bon prêtre surtout que s'établit peu à peu, malgré des obstacles de plus d'un genre, la pratique de la communion fréquente dans l'établissement.

Ses efforts reçurent cette année même une impulsion vigoureuse d'un fervent religieux (1), bien connu par ses prédications et ses travaux sur la communion fréquente. La retraite de rentrée, prêchée par cet apôtre de la jeunesse, fit époque au petit séminaire, et c'est avec l'émotion de délicieux et précieux souvenirs qu'en parlent encore les élèves d'alors.

Nul de ceux qui en furent les heureux

(1) Le R. P. Cros, jésuite, auteur du *Confesseur de l'enfance et de la jeunesse.*

témoins, n'a pu oublier l'enthousiasme que communiquait à son auditoire le prédicateur, lorsque, montrant une statuette de la Très Sainte Vierge, recueillie un jour dans la hotte d'un petit chiffonnier, sur le chemin de Notre-Dame de la Garde, à Marseille, il se faisait le touchant interprète de la bonne Mère et invitait à ne pas laisser déserte la table eucharistique.

Secondé par les jeunes professeurs, qui avaient eux-mêmes puisé le feu sacré aux éloquents enseignements d'un des plus éminents théologiens de la vénérable société de Saint-Sulpice, le saint religieux put se mettre à l'aise et développer la doctrine vraie sur la nature et l'efficacité de l'Eucharistie présentée comme pain de vie, antidote du péché.

Que de pauvres âmes languissantes, attristées par le peu d'effet de précédents efforts restés presque sans résultats, accueillirent comme une délivrance cette prédication et se montrèrent empressées à recourir à la communion, dans l'espoir d'y trouver la force qui leur avait manqué pour la persévérance. Ce mouvement étant général, l'hésitation des plus malades disparaissait et le respect humain était vaincu. Il est plus fréquent qu'on ne suppose que des jeunes gens, honteux, au secret de leur conscience, de misères dont ils ne semblent pas rougir devant leurs mauvais amis, voudraient se relever et béniraient celui qui leur faciliterait la fréquentation des sacrements, dont ils s'éloignent souvent par crainte.

A la suite de cette retraite, la pratique de la communion hebdomadaire devint générale, et le petit séminaire n'a point connu d'année plus féconde en fruits de piété, de travail, de discipline et de bon esprit.

Que de vocations germèrent alors ! et combien de jeunes prêtres font remonter à cette époque l'esprit de ferveur et de zèle qui les anime et distingue tous ceux qui trempèrent l'énergie de leurs jeunes années au sacrement où Jésus se fait lui-même notre nourriture, notre force et notre lumière !

Tel était le milieu où la Providence avait placé le jeune François Tixier.

Les premières ombres jetées sur son âme par les événements qui précédèrent son entrée se dissipèrent bien vite, et il n'eut qu'à se laisser faire pour retrouver toute la paix de son âme.

Il suivit le courant, partagea l'ardeur de ses condisciples et fut bientôt un des meilleurs élèves.

Son intelligence ouverte, son application sérieuse le placèrent tout de suite aux premiers rangs.

Quand vint la fin de l'année scolaire, il partit, emportant en vacances ce parfum de piété qu'il avait respiré tout autour de lui et qu'il s'était habitué, à l'exemple des autres élèves de sa classe, à mettre dans les détails de sa vie d'écolier.

Il fréquenta l'église, assistant à la sainte Messe, les jours de semaine, servant à l'autel, et, le dimanche, accompagnant de sa voix fraîche et agréable le chant des offices. Il s'approcha des sacrements les jours qui lui avaient été désignés et accepta avec empressement la proposition d'aller travailler tous les jours chez son digne curé, que cette attitude de jeune chrétien pieux et résolu charmait.

La mère se réjouissait de la piété et de la sagesse de son fils ; mais ces allures de dévot réveillèrent les répugnances de ceux que froissaient les pratiques de ce qui leur paraissait une religion exagérée et du fanatisme.

François avait bien eu, dans ses visites à Montignat, à essuyer des plaisanteries et des sarcasmes au sujet de sa dévotion ; mais s'il lui en restait, pendant le retour, un peu d'amertume, il reprenait, sans s'y arrêter davantage, le train de sa vie de vacances, dès qu'il se retrouvait à l'ombre de son cher clocher.

Les vacances allaient finir : la famille de son père réclama les derniers jours qui lui furent accordés sans peine.

Il serait trop douloureux d'avoir à retracer tout ce qui fut tenté pour arracher à cette jeune âme la sève de vie chrétienne qui avait déjà été troublée un instant, un an auparavant. Il en faut dire un mot cependant, afin de montrer ce qu'en eut à souffrir notre adolescent et ce que la communion lui donna de courage, pour retrouver sa foi quelque temps ébranlée et sa vertu chancelante.

III

L'ÉPREUVE

Ceux qui voulaient que cet enfant reçût une éducation dans l'esprit laïque du temps, ne furent pas longtemps sans remarquer son inclination vers la piété.

On voulut voir dans ce progrès un résultat d'une entente secrète entre la mère et les maîtres. Combattre cette influence qui déjouait leurs calculs fut bientôt une détermination prise, et l'assaut de cette âme d'enfant commença.

Le ridicule fut la première arme dont on se servit.

Il porta d'abord sur les pratiques religieuses.

L'exemple donné par la famille fut imité par les gens du village avec qui les relations fréquentes étaient inévitables.

Un grand nombre de ces villageois passant

une partie de l'année à Paris, en revenaient imbus des idées du jour. Plusieurs étaient habiles à répéter ces sophismes qui courent aujourd'hui, hélas! parmi le peuple et qu'ils avaient entendu déclamer dans les clubs et sur les chantiers.

L'écolier, incapable de soupçonner quel était le but de ces sarcasmes contre la religion et ses ministres, fut d'abord péniblement affecté. Mais, lorsque aux plaisanteries se joignirent les récits scandaleux qui atteignaient la vénération et le respect de l'élève pour ses maîtres, il en fut troublé. Il entendait répéter ces légendes mises au jour par des romanciers sans pudeur, dont le but est de souiller la dignité et le respect du prêtre, dans l'esprit d'un peuple ignorant et crédule. Ces histoires, inventées par des écrivains de mauvaise foi, qui cherchent dans l'immoralité de leurs écrits une popularité fructueuse ou perverse, l'ébranlaient peu à peu.

Son amour pour la vie vagabonde des champs le préserva du malheur d'avoir assez de loisirs pour lire les productions d'une presse démoralisatrice qui envahissaient son village ; peut-être aussi cette honnêteté naturelle qu'il garda toujours intacte lui fit-elle dédaigner les mauvaises lectures.

Cependant, le travail funeste avançait et en peu de jours les résultats furent évidents.

L'œil scrutateur d'une mère, qui veille avec un soin jaloux sur l'âme de son enfant, est perspicace ; la pieuse mère de François comprit ce qui se passait et en fut effrayée. A chaque retour au foyer maternel, elle constatait un changement plus notable dans l'attitude et les dispositions de son fils. Sa gaîté et son entrain avaient fait place à une sombre rêverie et à des aigreurs non dissimulées. Il n'avait plus la même expansion pour sa mère ; il se concentrait et ne parlait plus comme auparavant des incidents de ses visites au domaine paternel. On le vit même fréquenter quelques jeunes gens dont la conduite était répréhensible et résister aux remontrances qui lui furent faites.

La rentrée le ramena au petit séminaire, où il apportait un cœur tourmenté et un esprit défiant.

Dès les premiers jours, il frappa ceux qui l'observaient par le fond de tristesse qui assombrissait sa physionomie, auparavant si ouverte et si épanouie. Devenu rêveur et souvent brusque, il s'attira des réprimandes qu'il recevait sans mot dire ; mais sous sa froideur apparente perçait un dédain à peine contenu.

Il évitait les condisciples les plus vertueux et recherchait ceux qui, par leur conduite et leurs paroles, se montraient plus éloignés des sentiments de piété qui l'importunaient désormais.

Le travail aussi bien que la conduite se ressentaient de ce malaise, et plus d'une fois, ses condisciples eurent à subir les emportements d'un caractère surexcité par ce qui heurtait sa triste mélancolie.

Ce n'était plus l'émule ardent mais complaisant, ni l'organisateur sympathique des jeux. Son humeur chagrine le rendait désagréable et sa défiance à l'égard de ses maîtres se manifestait à toute occasion.

Sa mère et les parents de son père venaient tour à tour le voir ; mais tandis que les visites

de sa mère semblaient lui devenir indiffé-
rentes, les autres lui apportaient chaque fois
comme une recrudescence d'ennui et de dégoût.

Aussi a-t-il raconté que jamais, durant
cette seconde année, il n'était sorti pour
aller en promenade, sans avoir la tentation
de s'échapper et de s'enfuir. Une seule chose
le retenait : il eût voulu renoncer à toute
étude pour se livrer, comme les enfants de
la campagne, aux travaux des champs; mais
il savait bien que si on était prêt à lui accorder l'échange du lycée pour le petit séminaire, il n'obtiendrait point de rester dans
son village.

On avait réussi à lui ôter l'amour de l'é-
tude, à lui enlever la jouissance intime que
trouve l'enfant pieux à sanctifier son travail
et à vivre sous le regard de Dieu, heureux
du témoignage de sa conscience ; c'était là le
premier résultat.

Où devait-il trouver, à l'heure des plus
grandes luttes, la force de volonté capable de
résister aux illusions et aux attraits des
plaisirs coupables? On ne s'en inquiétait point.

Les vacances qui suivirent cette seconde année furent mauvaises.

Il était parti bien résolu à ne plus revenir au séminaire.

Cédant à une sorte de contrainte que lui imposaient les remords de sa conscience et les souvenirs de sa piété passée, il s'était approché de temps en temps des sacrements, pendant l'année scolaire ; mais, à peine arrivé en vacances, il fit un suprême effort pour se débarrasser de ce qui lui restait des dispositions de son enfance chrétienne et voulut que personne n'en n'ignorât autour de lui.

Il renoua, dès les premiers jours, des relations fréquentes avec les compagnons les plus dangereux pour sa vertu. Lorsque vint la fête de l'Assomption, il allait cependant céder aux instances de sa mère et s'approcher des sacrements ; déjà il était en route, lorsque, relevant une réflexion faite par une personne qui le louait, malicieusement peut-être, de sa piété, il rebroussa chemin et déclara qu'il ne voulait plus passer pour un dévot.

Dès ce moment, tout conseil de sa mère ou de ses maîtres lui parut suspect : il se lança

dans la dissipation pour se faire juger autrement et la mère désolée n'eut qu'à prier et à
pleurer. A la moindre observation, François
partait pour le village de Montignat, où
l'attirait une complaisance calculée et il ne
revenait que plusieurs jours après pour re-
partir bientôt.

Plus tard, quand la grâce aura touché son
cœur, il ne rappellera ce temps qu'avec des
gémissements et il s'appliquera à consoler sa
mère des angoisses que sa tendresse maternelle et ses religieuses sollicitudes eurent
alors à souffrir. Son enfant, qu'elle aurait
tant voulu voir aimer Dieu de toutes ses
forces, prenait à tâche de la convaincre
qu'elle ne devait plus faire appel aux sentiments de sa pieuse et naïve enfance. Pauvre
mère ! elle avait vu son François, presque
adolescent déjà, si attentif à tourner vers
Dieu son cœur aimant, si pieux, si recueilli
à l'église, si dévot à la Très Sainte Vierge,
que son âme s'était ouverte à cette espérance,
si douce au cœur d'une mère chrétienne, de
donner son fils à Dieu, et maintenant elle
voyait s'écrouler toutes ses espérances. Elle

passait de longues heures éplorée devant une image de Marie, et pendant les absences prolongées de son enfant, qui ne revenait plus qu'à regret auprès de sa mère, elle allait à l'église voisine confier au Dieu du Tabernacle les douleurs amères qui déchiraient son cœur.

De jour en jour, le travail qui poussait François hors de la bonne voie était plus sensible et amenait une recrudescence de chagrins, de prières et de larmes.

On avait cherché à le convaincre que les maîtres, dans un collège ecclésiastique, au petit séminaire surtout, s'appliquaient à séduire l'esprit des élèves pour leur faire embrasser les pratiques d'une dévotion exagérée et les pousser même parfois à une vocation qu'on lui rendait odieuse.

On ne réussit que trop à lui rendre suspectes les intentions de ses maîtres et à le tenir en défiance contre leurs bontés paternelles.

Quand vint le temps de la rentrée des classes, l'énergique volonté de la mère fut sur le point de se voir brisée par le refus obstiné de son fils qui ne voulait plus revenir au petit séminaire et qu'on tenait à placer dans un lycée.

Il lui fallut faire les préparatifs du retour sans en parler; mais, au moment de partir, François avait disparu. Enfin, après quelque temps d'une anxieuse attente, il reparut et, sans dire un mot, se laissa conduire.

IV

LA LUTTE

Cependant, le père de François souffrait de plus en plus. Une énorme tumeur s'était formée au bras gauche et la douleur, plus vive de jour en jour, ne lui laissait aucun repos. Bien que toute marche lui fût très difficile, il voulut accompagner son fils, que dès lors il pouvait craindre de ne plus revoir.

Peut-être les résistances de l'enfant au moment du retour, la crainte qu'il avait de son nouveau professeur et les angoisses de la mère lui avaient-elles fait juger nécessaire ce pénible voyage ; mais la Providence, admirable dans le secret de ses voies, en voulait faire la première étape de la conversion du père.

Dieu réservait au prêtre qui allait être le maître particulier de François, la grâce et la consolation de concourir à cette double conversion. L'intérêt qu'inspirait le pauvre malade, dont les traits annonçaient une âme calme et résignée dans la souffrance, devait faire naître, dans l'émotion d'une sympathie réciproque, un touchant échange de confidences et de conseils.

Une bénédiction du ciel donna à cette entrevue une portée que rien ne pouvait faire prévoir.

C'était la première réponse que la Très Sainte Vierge donnait à l'acte par lequel le professeur lui avait voué et consacré, avec une confiance sans borne, sa personne, ses efforts et chacun de ses élèves.

Mais personne ne pressentait les heureuses suites des paroles échangées alors.

Souvent François avait exprimé combien il lui coûterait d'être sous la direction du professeur que les circonstances lui donnaient. Il n'ignorait pas que ce maître, désireux de voir avant tout ses élèves animés des sentiments de religion et de piété qui doivent distinguer l'éducation reçue dans une maison ecclésiastique, s'efforcerait d'enrayer

le mauvais esprit là où il le verrait se manifester. Aussi était-il loin de se sentir à l'aise,
comprenant qu'il lui faudrait, ou changer ou
s'attendre à une surveillance vigilante, prête
à relever ses écarts.

Déjà, il avait pu apprécier comment ce
maître, indulgent, autant que le permettait
l'ordre, pour les légèretés et les étourderies
de l'écolier, savait montrer une sévère fermeté à l'égard de ceux qui, de parti-pris,
sont un obstacle au bien par leurs paroles ou
leurs exemples.

Observateur fin et intelligent, il dut être
attentif à tous les détails de l'accueil qui lui
était fait, à lui et à ses parents.

Le professeur, saisi à la vue d'une pareille
infirmité, ému par cette physionomie souffrante et énergique, ne put dissimuler sa
profonde pitié pour le malade.

Il témoigna à son nouvel élève une tendresse affectueuse et dévouée et l'engagea à
offrir à Dieu, pour le soulagement de son
père, une application sérieuse à tous ses
devoirs d'écolier et de chrétien.

Comme le malade, à qui on cherchait à

donner bon espoir, répondait qu'après avoir consulté en vain les meilleurs médecins du pays, il ne pouvait plus attendre de guérison, le prêtre voulut essayer d'incliner vers Dieu ce cœur attristé et l'ouvrir à la confiance ; il parla de la bonté de la Très Sainte Vierge et des guérisons merveilleuses qui ne cessaient de s'opérer à Lourdes ; il pressa cette famille éplorée de s'unir pour demander à Celle qui est le salut des infirmes cette difficile guérison.

Chacun accepta une médaille de Marie Immaculée et il fut convenu qu'on prierait tous les jours pour obtenir du ciel ce que la science humaine était impuissante à procurer.

François, qui aimait tendrement son père, écoutait en silence ; mais rien ne trahissait l'impression de son âme inquiète, partagée entre le désir de voir son père revenir à la santé et le trouble que lui causait cette pensée d'une conversion sollicitée comme un devoir de son amour filial.

La suite allait montrer qu'il y eut, en ce jeune cœur aimant et généreux, un frémissement qui l'ébranla sous l'enveloppe de froide indifférence qu'il s'était faite. Il passa sur son âme un rayon de l'amour divin qui l'avait réjouie aux jours peu éloignés encore de sa piété naïve, et la prière montait de son cœur, prête à jaillir de ses lèvres. Oppressé par l'ennui et le malaise des longs mois écoulés depuis que ses sentiments de ferveur pour Dieu et de confiance en ses maîtres s'étaient dissipés devant une violente attaque, pour faire place à une défiance qui le fatiguait, il regrettait ses tranquilles jouissances d'autrefois.

Son premier maître n'était plus là. Peut-être François aurait-il, en ce moment, ouvert son cœur et aurait-il trouvé, comme aux jours heureux de sa première année de collège, dans les exhortations de son ancien professeur, la force de secouer les chaînes qu'il mettra longtemps à briser.

Il savait qu'une amitié étroite et remontant à leur enfance unissait son nouveau professeur et celui qui l'avait accueilli à son entrée au petit séminaire. Cette considération frappa-t-elle l'esprit de François Tixier, en même

temps que l'intérêt témoigné à son père le
le touchait ? Ou plutôt, Dieu, qui avait sur
cet adolescent des vues de miséricorde, ne
lui mit-il pas au cœur un de ces attraits qui
sont une des voies mystérieuses de la grâce,
en créant cette filiation surnaturelle qui fait
du prêtre un vrai père en Dieu et offre à
l'âme qu'il dirige la confiance et la force des
enfants du Père céleste ?

L'élève, au lieu de redouter maintenant son
nouveau maître, se sentit incliné vers lui et
prêt à lui ouvrir son âme.

C'est à celui-là même qu'il s'adressera lorsque, cédant enfin aux impulsions de la grâce
et aux remords de sa conscience, il se tour-
nera sincèrement vers Dieu ; il en fera le
confident intime de tout ce qui se passera en
son âme pendant les dernières étreintes de
la lutte, dans les mâles ardeurs de ses premiers sacrifices, dans les angoisses d'une
violénte tentation et dans les joies d'une ferveur croissante.

Ce ne fut, tout d'abord, qu'un sentiment
vague et confus qui vint remuer cette âme
et lui rappeler la miséricordieuse bonté du

divin Sauveur, frappant à la porte et demandant à entrer dans ce cœur auquel lui seul peut donner le bonheur et la paix : car, si sa docilité et son application d'écolier furent satisfaisantes, sa résistance à la grâce fut longue et la lutte fut acharnée.

La retraite, qui suit ordinairement la rentrée des classes, vint accentuer le mouvement déjà imprimé à son âme.

Suivant le conseil donné à tous, François rédigeait chaque soir les réflexions que lui suggéraient les instructions du jour. Un sermon sur la Miséricorde le toucha particulièrement. Il écrivit plusieurs pages qui sont une humble confession et un commencement de généreux retour.

« ... Seigneur Jésus, que puis-je dire de votre miséricorde envers moi ?... Que dire de mon ingratitude envers vous ?... Votre miséricorde, Seigneur, est au delà de toutes bornes, tandis que mon ingratitude est très grande...

» Vous m'avez fait la grâce d'avoir une mère chrétienne qui m'apprit à vous prier, à vous aimer... Enfant, je vous aimais.... Depuis !... je vous ai abandonné, ô mon doux Sauveur, pour me livrer à mes passions.

» Vous auriez pu m'ôter la vie; mais non, vous avez multiplié vos bontés.

» Vous m'avez appelé tant de fois par la voix de vos ministres !... Mais j'étais alors sourd à votre voix... Seigneur Jésus, vous me disiez, à moi, plongé dans le mal : Mon fils, qu'es-tu devenu ? Est-ce parce que je suis pour toi un ami généreux et prévenant que tu es sourd à ma voix ? As-tu trouvé un meilleur Maître, un père plus tendre ?

» Vous avez donc mis tout en œuvre pour me rappeler. Vous avez mis dans mon âme un remède pour me réveiller au fond de l'abîme que je m'étais creusé. Ensuite, vous m'avez éclairé d'une vive lumière pour me représenter l'état où j'étais, l'énormité de mes fautes. Vous m'avez rappelé les joies que je goûtais avant ma première faute. Enfin, une des fibres que j'avais conservée de mon enfance a vibré dans mon cœur et il a été pénétré de repentir...

» Vous m'avez dit : Quand tu auras de violentes tentations, invoque la Vierge Marie, ta mère que je t'ai donnée. Si tu manques de courage, viens en puiser dans le Sacrement de mon Amour, viens souvent t'asseoir à mon Banquet sacré, et je serai avec toi et tu n'auras plus rien à craindre..... »

Notre Seigneur avait parlé à son âme malade et l'avait fortement agitée ; son hésitation devenait de la résistance ; sa conscience ne le laissait plus en repos ; il songea à se convertir.

« Je voulus alors, écrit-il plus tard, sortir du tombeau de mes péchés où j'étais enseveli, mais mon cœur était endormi, il ne savait plus aimer. »

Ce loyal enfant ne pouvait s'accommoder d'une demi-conversion, et il savait tout ce qu'il y avait à réformer dans sa conduite pour être à Dieu.

De tous les obstacles, le plus grand, peut-être, était la conséquence d'une rupture nécessaire avec un certain groupe dont il était un peu le chef.

Se séparer de ceux qui avaient eu ses préférences, pour se rapprocher de ceux qui l'évitaient ; affronter les critiques malveillantes, les suppositions blessantes pour son amour-propre ; prendre ouvertement une attitude qui serait le blâme de ce qu'il vantait auparavant ; embrasser les pratiques dont il avait souri ; tout cela, il fallait en faire la condition absolue d'une conversion sincère. Un pareil changement demandait un vrai courage.

En face de cette lutte où il lui faudrait combattre, non seulement les inclinations d'une nature d'autant plus attirée vers le mal qu'à cet âge les illusions rendent la séduction des jouissances coupables plus attrayante et plus vive, mais aussi les obstacles que dressaient devant lui les suggestions du respect humain. François, qui voyait clairement la révolution qu'amènerait dans sa vie d'écolier son retour à Dieu, ne se sentit plus la force d'entreprendre cette tâche.

Il resta plongé plusieurs semaines dans une profonde tristesse ; puis, pour étouffer le cri de sa conscience, il se rejeta avec plus d'opiniâtreté dans la mauvaise voie.

Le temps qu'il a passé dans cet état a été, de son aveu, celui où il a le plus exposé son salut.

V

LA CONFIANCE EN MARIE

Pendant que la résistance à la grâce jetait cet adolescent de quinze ans dans un aveugle emportement, hors du sentier de la vertu, des prières ferventes montaient vers Dieu pour attirer sur sa classe les bénédictions du ciel.

Le nom de chacun des élèves avait été inscrit sur les registres du Sacré-Cœur de Montmartre et de Notre-Dame des Victoires, à Paris.

Le professeur avait intéressé de pieuses et saintes âmes à la sanctification de ses élèves, pour lesquels avaient été faites plusieurs neuvaines au Sacré-Cœur de Notre Seigneur par l'intercession de la Très Sainte Vierge.

Chacun d'eux avait reçu, avec la médaille dite miraculeuse, une image de Notre-Dame du Perpétuel-Secours, copie en miniature de la Madone honorée à Rome sous ce titre. Ce nom avait plu aux élèves : beaucoup aimaient à placer devant leur bureau de travail, à l'étude, cette gracieuse image, et il n'en était guère qui n'eussent déjà l'habitude de réciter chaque jour les litanies de Notre-Dame du Perpétuel-Secours, si bien appropriées aux différents besoins spirituels des jeunes gens.

Cette dévotion, répandue peu à peu parmi tous les élèves par la diffusion de ces images, avait produit des fruits de piété ; plusieurs conversions de jeunes gens furent attribuées à la récitation de ces litanies.

Que de pieuses pensées ont été inspirées par le doux et pénétrant regard de la Vierge-Mère ! Que de résolutions salutaires et de prières confiantes ont été suggérées par la vue habituelle de cette image bénie pendant les longues heures du travail silencieux de la salle d'étude !

Deux mois s'étaient écoulés depuis la rentrée : on était au 8 décembre. La solennité de l'Immaculée-Conception de Marie est la fête patronale de l'établissement. La pompe des cérémonies religieuses, les chants et la musique, la splendide illumination du sanctuaire orné de toutes ses richesses, l'éclat de l'autel tout enveloppé de fleurs et de lumières et entouré de prêtres revêtus des plus beaux ornements charment les élèves qui attendent, chaque année, cette fête avec impatience et en gardent une impression utile pour les porter à la piété. François, à peu près seul, s'abstint de s'approcher des Sacrements et resta morne et rêveur au milieu de la joie générale : ce qui attira l'attention de ses maîtres et de plusieurs de ses condisciples.

Ce jour-là même, par les soins de son professeur, les pieuses carmélites de L... installaient solennellement, dans un oratoire de leur monastère, un tableau, copie exacte de l'image miraculeuse de Notre-Dame du Perpétuel-Secours, devant lequel une petite lampe toujours allumée devait être comme une prière incessante pour le maître et les élèves.

Un mouvement sensible vers la piété s'était manifesté parmi ses condisciples ; néanmoins François Tixier restait dans sa réserve et paraissait de nouveau fatigué d'un genre de vie qu'il méditait d'abandonner. Bientôt, il s'en expliqua sans détour, assurant que s'il consentait à s'y plier jusqu'à Pâques, il comptait alors obtenir enfin de laisser là études et règlement et de se livrer à l'agriculture. Il est probable que, s'il eût insisté auprès de son père condamné désormais à une douloureuse inaction et de son grand-père de Montignat, il n'aurait rencontré de ce côté aucune difficulté ; mais, outre qu'il hésitait à infliger à sa mère cet extrême chagrin, il n'osait mettre le comble à ses résistances à la grâce, en brisant absolument avec les réclamations de sa conscience. Il attendait de ne plus entendre cette voix intérieure qui le tourmentait et ne cessait, depuis la retraite, de lui faire sentir davantage les amertumes de son égarement, en remettant sous ses yeux son passé avec ses grâces et sa paix.

Mais, au lieu d'une tranquille indifférence, il ne rencontrait que les tourments d'une âme chrétienne en face du bien qu'elle abandonne et du mal qui l'effraie.

« Je voulus, disait-il, me familiariser avec l'idée de l'enfer et j'ai passé des semaines à essayer d'en prendre mon parti. Je me bâtissais une existence toute de licence et de plaisirs, mais en vain, parce que la Justice de Dieu se dressait toujours au-dessus de mes rêves insensés. »

Le travail et les angoisses de cette résistance où menaçaient de sombrer sa foi et sa vertu, se trahissaient au dehors par les saillies d'impatience et d'aigreur qui le rendaient désagréable pour d'autres que ceux de son groupe et faisaient craindre qu'il ne devînt violent et colère.

Le professeur gémissait de l'influence nuisible qu'il exerçait avec son groupe sur le reste de la classe et sur la division entière, et il savait tout ce qu'offrirait de ressources cette nature droite, ardente, réfléchie et énergique, si, dominée et guidée par la grâce, elle se tournait à la pratique de la vertu. Il ne cessait de solliciter des prières pour obtenir ce miracle. Tant de supplications ne devaient pas tarder à avoir leur effet.

Ce prodige allait être la conquête de la Très Sainte Vierge, avant d'avoir consommé sa séparation, au seuil de la ruine lamentable à laquelle il se vouait résolument. C'est en se laissant ramener doucement à Marie, qu'il rougira de sa défaillance et retrouvera le courage de reprendre la lutte, en attendant qu'il puise dans la Communion fréquente la force de triompher.

Un jour qu'il partait pour aller voir son père plus souffrant, son professeur lui offrit un tableau de Notre-Dame du Perpétuel-Secours, l'engageant à le faire placer dans la chambre du malade.

En entrant dans cette demeure, l'image de Marie y portait le salut à plusieurs.

Au retour, François était plus calme ; il accueillit avec une émotion visible quelques observations pleines d'un affectueux intérêt, sur les pressants motifs qui réclamaient de lui un changement de conduite et un sincère retour à Dieu. Toutefois, son silence obstiné ne laissait guère espérer qu'il songeât à modifier son attitude. Cependant, au reproche qu'il se montrait mauvais fils de ne point se convertir pour obtenir de Dieu la guérison de son père, ses yeux se mouillèrent de quelques larmes et il répondit d'une voix désespérée : « J'ai essayé... je ne peux pas. » —

Le prêtre lui parla alors de la confiance qu'il trouverait dans la dévotion à la Très Sainte Vierge ; puis, lui rappelant ces belles paroles du *Memorare*, où l'âme chrétienne prend Marie elle-même à témoin que jamais on ne l'a invoquée en vain, il lui demanda la promesse de réciter chaque soir, avant de s'endormir, cette admirable prière et de revenir dans huit jours faire connaître ses dispositions.

Huit jours se passèrent, puis quinze, un mois même. Il vint enfin et fit cette réponse caractéristique : « J'ai voulu, avant de me convertir, considérer ce que j'avais à faire pour cela, afin de ne pas rebrousser chemin après avoir commencé. Je ne veux prendre des engagements que lorsque je serai sûr de les tenir. Je ne jouerai point la comédie d'être tantôt bon et tantôt mauvais. »

C'était un premier pas fait. Avec cette netteté et cette fermeté de réflexion, il n'y avait plus qu'à suivre l'action de la grâce.

Il se mit à prier avec ardeur la Très Sainte Vierge, le matin, à la sainte messe, à midi, pendant la visite qui se fait à la chapelle, et le soir ; il allait aussi, à l'exemple des bons élèves, réciter un *Ave Maria* au commencement de chaque récréation devant la statue de Marie qui domine les cours.

Peu à peu, le calme se faisait dans son âme agitée. Il goûtait, à prier la Mère des miséricordes, un adoucissement à cette souffrance intime qui l'avait longtemps aigri et tourmenté.

On put remarquer que, dès lors aussi, il s'appliqua à éviter tout ce qui, dans ses relations et ses paroles aurait pu être un mauvais exemple. Sa droiture ne lui permettait aucun de ces accommodements qui veulent concilier avec les exigences d'un amour-propre mal placé les devoirs de la piété et de la vertu.

Esprit sérieux et loyal, il ne subira jamais la tentation de transiger avec le bien en y mêlant ces libertés d'action et de choix où la vanité et la sensualité trouvent leur compte, ou de rien sacrifier à la vérité une fois embrassée.

Il se serait même fait scrupule de se permettre ce qui, indifférent en soi, aurait pu faire croire à quelque variation de sa part. Il lui fallait une attitude nette et déterminée comme son caractère.

Toutes les réformes à faire dans les détails de sa vie d'écolier étaient prévues et comme réunies en un faisceau qu'il se disposait à livrer aux flammes d'un sacrifice persévérant et absolu.

Il blâmait franchement, sans exagération et sans faiblesse, tout ce qui était répréhensible dans ses dispositions et sa conduite précédentes, et il s'apprêtait à le combattre avec une détermination virile.

Tel était le mouvement imprimé à l'âme de cet adolescent par quelques prières ferventes à la Très Sainte Vierge, qu'à mesure que la dévotion à Marie se développait dans son cœur, le travail de transformation surnaturelle grandissait, au point de surprendre ses plus pieux condisciples et ses maîtres les plus attentifs aux œuvres de la grâce chez les jeunes gens.

La voie était désormais ouverte et il ne refusait plus d'y entrer ; mais il voulait, dès

les premiers pas, marcher droit au but et se
sentir les coudées franches.

Il se ressouvenait, aux pieds de Marie, des
joies intimes et des charmes de la vertu,
mais il savait que l'heure des combats était
venue et il appréciait les résistances désormais inévitables.

Il réfléchissait et priait, attendant la force
qu'il sentait nécessaire pour sortir vainqueur
d'une lutte sur la durée et l'étendue de laquelle il ne se faisait aucune illusion.

Sa confiance en Marie croissait avec sa
fidélité et sa ferveur à invoquer le secours de
celle qui est le Refuge des pécheurs. Sa prière
avait déjà fait jaillir la lumière qui avait
dessillé ses yeux, éclairé son esprit et touché
son cœur. Marie lui avait rendu l'attrait et
le courage ; elle lui donnera la force en lui
ouvrant la source du Breuvage divin qui rend
les martyrs inébranlables au milieu des tor-
tures, communique à la vierge timide, au
jeune adolescent, une énergie invincible et fait
remporter à de faibles enfants des victoires
autrement difficiles que celles des champs de
bataille.

L'ennemi le plus redoutable est en nous et s'appelle la concupiscence; le chrétien de tout âge, qui boit aux Sources du Sauveur et mange le Pain descendu du ciel, en triomphe, quelle que soit d'ailleurs sa faiblesse native ou accidentelle.

VI

TENTATION

Il n'est point rare de voir un adolescent, un jeune homme suivre un élan de pieux enthousiasme et s'armer d'une résolution sincère et énergique pour embrasser la vie et les vertus chrétiennes. Mais lorsque, à l'ardeur d'un moment de ferveur succèdent les mille sollicitations de cette triple concupiscence, dont le péché originel a imprégné tout notre être, lorsque les sens s'éveillent et portent le trouble dans un cœur avide de jouissances et encore ignorant des déceptions de la volupté, quelle ressource humaine peut préserver l'âme des écarts d'une imagination qui l'entraîne et des chutes qui l'affaiblissent et l'aveuglent? Et quand les tentations incessantes viennent assaillir cette jeune âme, lasser son courage par leurs attaques imprévues et violentes, quel moyen de la prémunir contre le découragement ? La vigilance et la prière souvent distraites par l'ébranlement et la stupeur, où jettent les sollicitations des passions naissantes, ne peuvent toujours suffire pour rassurer l'inconstance d'un âge sans expérience qui se jette ordinairement, tête baissée, sans en avoir conscience, dans les plus grands périls.

C'est ce que comprit bien vite François Tixier.

Les obstacles du dehors, il les avait prévus. Il n'avait point hésité à rompre avec quelques amis, dont la liberté de langage, l'attitude et l'esprit étaient répréhensibles. Ces petites tracasseries qui en seraient la conséquence, il s'y attendait : il en prit bravement son parti. Pour qui connaît la vie de collège, cette détermination de se poser tout d'abord, sans forfanterie mais sans faiblesse, aux yeux de ceux qu'il avait fréquentés et imités, comme résolu à ne plus offenser Dieu dans les conversations et à prendre toujours la ligne du bon exemple, ne paraîtra pas un acte d'une énergie vulgaire.

Il y mit un esprit de foi si sincère, une charité si complaisante que ceux qui avaient été le plus froissés de ce qu'ils lui reprochaient comme une défection furent ensuite les premiers à admirer ce changement. Tous lui témoignèrent, après peu de temps d'observation, leur estime et quelques-uns l'imitèrent et furent ses meilleurs amis.

Toujours empressé à prendre part à tous les jeux où son agilité et sa dextérité lui donnaient une sorte de prééminence, il cherchait à plaire à tous.

Jamais, il ne parut éprouver la moindre répugnance à s'égayer avec quelques condisciples qui avaient essayé de le rendre odieux par des insinuations malignes.

Aussi, sa vertu à peine ébauchée lui donnait déjà une véritable influence.

Jamais, dès lors, il ne s'oubliait même à donner la plus légère marque d'approbation aux propos qui auraient manqué à la charité ou au respect : « Laissons cela », disait-il, et, par quelque plaisanterie de bon aloi, il faisait prendre à la conversation une autre allure ou même, plus souvent, il entraînait le groupe à une partie de jeu. S'il y avait une trop vive animation et qu'il ne lui parût pas possible d'interrompre des propos qu'il ne pouvait entendre sans les blâmer, il disparaissait sans rien dire et allait se mêler à un groupe de joueurs. On s'en apercevait bien vite : « Nous l'avons fait fuir, disait-on, allons jouer ». C'est le témoignage unanime que lui rendaient dans la suite ceux qui, plus d'une fois, avaient mérité la leçon.

Son application à tous ses devoirs était très sérieuse, et, bien qu'il eût franchi une classe, il parvint en quelques mois aux premiers rangs.

Observateur scrupuleux de toutes les prescriptions de l'ordre et de la discipline, il donnait toute la satisfaction que pouvait en attendre le maître le plus exigeant.

Cependant, les premières émotions de bonheur et de paix que lui avaient apportées l'acte ferme et réfléchi qui l'avait tiré de sa résistance pour le placer sur le chemin de la grâce se calmèrent et le laissèrent en face de lui-même, avec les faiblesses de la nature, les inconstances du cœur et les séductions de l'esprit.

Il est facile de suivre le travail laborieux qui s'opérait en lui, grâce aux notes qu'il insérait de temps en temps au cours de son devoir, pour communiquer à son professeur l'étonnement qu'il avait de cet état.

Il perdit peu à peu tout sentiment de joie intérieure, et son âme fut affectée d'un extrême dégoût. La crainte de ne pouvoir demeurer fidèle à Dieu, en un pareil état, le plongea dans un douloureux accablement et, pendant quelques jours, il fut en proie à une sorte de désespoir qui le torturait. En vain cherchait-il à se distraire de ces sombres idées par une fidélité constante à tous ses devoirs et une plus grande activité dans les jeux. Dès qu'il était seul avec lui-même, il se voyait envahi de la terrible pensée qu'il ne pourrait persévérer, et alors se dressait devant lui la menace des supplices de l'enfer.

Il n'avait d'autre soulagement que de s'ouvrir à son professeur de ses terreurs et de ses angoisses.

Un jour, il lui remit le récit suivant :

« Hier soir, je me demandais, au lit, quelle pouvait être la cause de l'état où je suis depuis quelque temps; je n'ai point trouvé de réponse, mais j'ai eu un rêve très pénible et très rassurant à la fois : je crois que c'est un avis de Dieu. »

Il racontait ensuite qu'il suivait avec sa mère un sentier tout bordé de fleurs, lorsque, résistant aux remontrances qui lui étaient faites, il voulut aller cueillir dans un bois voisin, plein de reptiles dangereux, des fleurs qui lui paraissaient plus belles. Séduit par l'éclat de celles qu'il apercevait plus abondantes et plus variées à mesure qu'il avançait davantage, il finit par arriver devant un vaste et magnifique édifice. Plusieurs jeunes gens qu'il reconnut s'offrirent à l'introduire. Dès le vestibule, il comprit que c'était une maison de débauche et se hâta de rebrousser chemin pour s'éloigner.

Ne voyant plus aucune issue, il demanda à un de ceux qui l'accompagnaient de vouloir bien l'aider à sortir, mais celui-ci lui indiqua un chemin étroit, rapide et glissant, bordé de chaque côté de hautes murailles. Derrière

lui, des hommes qu'il reconnut pour des dé-
mons étaient occupés à polir le pavé dès qu'il
avait fait quelques pas en tremblant. En vain,
essayait-il de se retenir sur cette route qui
ressemblait à une toiture de maison, la pente
l'entraînait. Au bas, il distinguait déjà un
affreux abîme qui était l'enfer...

Se croyant perdu, il invoqua la Très Sainte
Vierge qui lui ouvrit un autre chemin à l'entrée duquel se tenait un prêtre. C'était son
professeur qui fit un grand signe de croix et
le délivra.

« Ce rêve, écrit-il, m'a fait une grande
impression et m'a retracé ma vie.

» Ce sentier bordé de fleurs où j'étais avec
ma mère, c'est le sentier de la vertu que j'ai
suivi avec docilité pendant mon enfance.
Puis, je me suis laissé entraîner... De faux
amis m'ont jeté dans la mauvaise voie... J'ai
fait quelques efforts pour en sortir aux moments des retraites, mais je suis retombé
et j'y marchais de nouveau quand la Sainte
Vierge est venue à mon aide et m'a conduit
à vous. »

Il attribuait à son professeur son retour

dans la bonne voie et lui faisait connaître qu'il se sentait pressé de lui confier toute la direction de son âme, ajoutant qu'il espérait pouvoir, à l'aide de ses conseils, triompher de la tentation qui l'accablait.

L'œuvre était facile, car cette âme était toute désireuse de retrouver la paix qu'elle n'avait guère qu'entrevue et à peine goûtée. Aussi, devait-elle saisir avec empressement tous les moyens qui lui seraient indiqués pour arriver à se sentir en possession de la force que Dieu promet à tous ceux qui le servent généreusement et cherchent avec droiture son règne ici-bas.

Cette âme ne devait pas être frustrée dans son désir, car il était sincère.

VII

LA COMMUNION FRÉQUENTE

Son nouveau directeur conduisit tout droit à la source de la force, à la Communion fréquente, cette âme fatiguée par une si terrible tentation.

Pouvait-elle être mieux préparée à recevoir ce divin aliment que le Sauveur miséricordieux offre à ceux qui, gémissant sous le poids de leur infirmité et de leurs misères, désirent s'affermir dans la foi et l'amour ?

Et qui en a un plus grand besoin que le faible adolescent de quinze ans, dont les passions naissantes trouvent dans sa délicate sensibilité un excitant naturel ?

Il lui faut un remède puissant et fréquent. Ce remède, c'est l'Eucharistie. Cet auguste sacrement l'unit à la personne adorable de Jésus, dont le cœur réchauffe son cœur à sa

flamme et le fortifie dans le contact mysté-
rieux de la Communion. Et comme, à cet âge,
les impressions ou se modifient, ou passent.
vite, il faut qu'il renouvelle fréquemment les
émotions et les grâces de cette union sacrée,
afin que l'amour de Dieu le pénètre, le remplisse, le détourne de la séduction des créa-
tures et de l'attrait des plaisirs sensuels.

Il importe donc de le conduire souvent à
la Table sainte, dès qu'on peut obtenir une
préparation convenable et suffisante.

François commença par faire une confession générale. La Communion qui suivit vint
ajouter ses joies intimes à la paix profonde
qu'apporte l'aveu de toutes ses fautes.

Il était tout pénétré de cette consolation
intérieure dont Dieu récompense les grands
actes de sacrifice accomplis pour son amour.
C'était comme l'émotion d'une première Communion avec une connaissance plus claire de
ses besoins et une expérience plus réfléchie
des miséricordieuses bontés de Jésus-Eucharistie.

Tout entier au bonheur de se livrer sans
réserve aux divines étreintes de l'amour de

son Dieu, son cœur s'épanouissait dans la délicieuse paix de son union avec Celui qui a dit : « Ne craignez pas, j'ai vaincu le monde... » S'il ne perdait point le sentiment de ses misères, il savait qu'il ne serait plus seul à les porter. La nature aurait beau faire entendre ses exigences, il n'avait qu'à recourir au Sacrement des forts pour en triompher : le banquet est toujours dressé et le divin Maître y appelle les âmes qui chancellent et sont accablées.

Aux premiers effets de la Communion, il comprit qu'il avait besoin de revenir sans tarder à ce divin spécifique. On touchait à la fin du carême : ce fut donc sans étonnement qu'il accueillit l'invitation de communier encore le dimanche des Rameaux, le Jeudi-Saint et le jour de Pâques.

La tentation qui l'avait tourmenté s'était dissipée et il se sentait tout renouvelé.

Néanmoins, lorsque son directeur lui proposa ensuite d'adopter de règle la Communion de tous les dimanches, des fêtes qui tomberaient dans la semaine et, quelque temps après, celle du premier vendredi, il fut surpris ; non point qu'il hésitât à faire à Notre Seigneur tous les sacrifices qu'exigeait la réception fréquente de la sainte Eucharistie, mais il craignait de n'avoir point encore fait suffisamment oublier le passé. Sentiment délicat, naturel à cet esprit droit qui ne pouvait souffrir même une ombre de partage ou de transaction entre Dieu et le monde, entre la vertu et le vice.

Il n'admettait point non plus l'idée de se tracer, pour le séminaire, une règle de vie chrétienne qu'il ne dût suivre hors de là, ni de pouvoir mitiger plus tard les obligations qu'il allait s'imposer maintenant.

Avec sa précision habituelle, il exposa les raisons qu'il croyait avoir de se contenter de la Communion des quinze jours et des fêtes. Il avait insisté surtout sur la difficulté qu'il aurait à conserver la pratique de la Communion hebdomadaire, lorsque, plus tard, retiré dans ses terres, loin de l'église, il se livrerait à l'agriculture, ce qui était encore son plus souriant rêve d'avenir.

Il céda sans résistance aux conseils de son directeur, heureux déjà de lui vouer une obéissance qui sera le principe d'une confiance touchante et d'une satisfaction intérieure constante.

D'ailleurs, il comprit bientôt sans peine qu'il devait à la Communion le calme, le bonheur et l'épanouissement qui le transformaient et lui faisaient envisager l'avenir sans crainte.

Ses condisciples auraient pu s'étonner de le voir s'approcher des sacrements aussi souvent, au moins, que ceux dont la piété et l'édification n'avaient jamais varié ; mais il était bien déterminé à imiter les plus fervents et à montrer qu'il s'était fait en lui un changement réel.

Il ne se faisait point illusion sur l'impression que produirait en vacances son assiduité à l'église, au confessionnal et à la Table sainte. Il savait avec quelle stupéfaction ses anciens compagnons le verraient assister chaque matin à la sainte messe et faire chaque après-midi sa visite au Saint-Sacrement. Il s'estima heureux d'offrir à Dieu un sacrifice méritoire et de commencer cette lutte contre le respect humain qui ne le fera plus faiblir.

Son directeur lui avait demandé de ne plus s'arrêter à la pensée qu'il ne dût envisager que la vie des champs comme sa vocation certaine. Il eut de la peine à se familiariser avec cette considération que, la Providence l'ayant mis à même de faire d'excellentes études, il pouvait être appelé à une carrière plus en vue.

Rien au monde, en effet, ne lui souriait comme son cher village de Montignat et il eût voulu y couler des jours, qu'il rêvait longs sans doute, dans la tranquille retraite d'une vie simple et champêtre, comme celle de ses aïeux.

Il aimait à lui appliquer les vers de Virgile et d'Horace sur les charmes de la campagne, et on retrouve dans ses compositions littéraires et dans ses essais de poésie, des réminiscences de son rustique séjour.

Lorsque, au séminaire, pendant les longues promenades d'été, le professeur, entouré de ses élèves, les conduisait dans les vallons pittoresques des environs ou que la bande joyeuse gravissait les sommets d'où le regard s'étend jusqu'aux cimes abruptes du Puy-de-

Dôme et du Mont-Dore, il se plaisait à redire qu'il avait tout cela autour du domaine paternel. Les grands bois futaies, les vallées ombreuses, les horizons lointains en font, en effet, un séjour charmant.

Aussi, quand lui viendra la pensée de se donner à Dieu, ce sera avec le désir de se faire l'apôtre de ces campagnes dont les habitants sont plus qu'indifférents en religion ; il encadrera de ce riant tableau sa donation généreuse et, dans ses rêves pieux, il tracera la place d'un monastère au centre de la propriété, réservant pour la chapelle le penchant d'une colline, d'où la vue embrasse, dans un vaste et splendide horizon, d'un côté, les montagnes de l'Auvergne, et de l'autre, les riches plaines du Bourbonnais.

Avec la lumière que la grâce de l'Eucharistie et une prière fervente unie à la réflexion, lui apportaient, ce bon jeune homme n'eut pas beaucoup d'efforts à faire pour comprendre que Dieu lui demanderait, à l'âge des grandes décisions, de lui témoigner son amour et sa gratitude par une vie plus active et plus élevée.

Un nouvel horizon se montra dès lors aux regards de son âme, quand il envisageait l'avenir. Il fit sans faiblesse le sacrifice de la vie paisible qu'il s'était promise et demanda à son directeur de le diriger dans le choix d'un état de vie.

Plus d'une fois, François avait déclaré qu'une des causes qui l'avaient maintenu dans la résistance était la crainte qu'on pût le croire appelé au sacerdoce et l'appréhension d'être dirigé vers ce but malgré lui. C'était un reste des impressions qu'avaient faites sur son esprit les propos qu'il lui avait fallu subir au sein d'une partie de sa famille. Peut-être, aussi, avait-il longtemps essayé de lutter contre un attrait qui avait ému son cœur, dans sa petite enfance, et dont il gardait au fond de son âme un vague sentiment qu'il craignait de voir se transformer en un appel de Dieu.

Une circonstance put faire pressentir qu'à mesure que son âme montait dans la voie de l'amour, ses attraits s'élevaient aussi et s'inspiraient de la générosité de son cœur.

Dans une de ces causeries charmantes où,

groupés autour de leur maître, les élèves parlaient de leur avenir, avec cette ouverture et
cette gaîté qui sont le propre de l'éducation
chrétienne, les condisciples de François
Tixier s'attribuaient, les uns aux autres, le
rôle que chacun aurait plus tard dans la vie.
Tous s'accordèrent à lui prédire qu'il serait
un grand prédicateur. Il en sourit et ne dit
rien, mais il en eut une satisfaction évidente.

Peu de temps après, les mêmes élèves revenaient d'une de ces délicieuses promenades
d'été, qui sont un des charmes de l'établissement situé dans le pli d'un plateau élevé
qu'entourent les plus beaux sites. On était au
mois de mai. Maître et élèves avaient parcouru
les bois, cueillant le muguet en fleur pour en
faire un de ces énormes bouquets, que chaque
classe aime à déposer aux pieds de la statue
de Marie. La jeune troupe suivait un des
sentiers couverts qui sillonnent la forêt et se
disposait à faire une halte sous l'ombrage.
Le temps était chaud ; la course aux fleurs
avait lassé l'ardeur, et la marche se ralen-
tissait, lorsque, arrivés au sommet d'une clai-
rière, tous s'arrêtèrent tournant leurs regards

vers un point de l'horizon qui s'étendait
devant eux. Au loin, apparaissaient les cimes
des monts d'Auvergne, encore couverts de
neige et baignés dans des flots de lumière.
Les flancs escarpés, faisant face aux rayons
empourprés du soleil couchant, se coloraient
de teintes éblouissantes et miroitaient comme
un immense brasier. Les cris d'admiration se
succédaient, et longtemps des exclamations
émues s'échappaient de ces poitrines pleines
de vie et de bonheur. François, seul, gardait
le silence et, les yeux fixés sur un monticule
assez rapproché, restait absorbé dans d'autres
pensées. Peu à peu, à mesure que le jour déclinait, les pics élevés rentrèrent dans l'ombre
et le petit groupe reprit le chemin du retour.
Profitant d'un instant où les autres entraient
un à un dans l'étroit sentier qui traversait
les derniers fourrés du bois, il se tint un peu
isolé, et, montrant de la main, au professeur
qui l'observait, un massif de verdure qui
émergeait à peu de distance, dans la direction
des montagnes, il laissa jaillir à son tour cet
écho des sentiments de son cœur et des aspirations de son âme : « Je voudrais me faire

missionnaire pour prêcher le salut à ces pauvres gens... Oh ! qu'il y en a, là-bas, qui ne
connaissent pas le bon Dieu et se perdent ! »

Il désignait son village de Montignat et, en
peu de mots, il venait de révéler les progrès
accomplis en quelques semaines par une âme
d'adolescent, sous l'influence de la Communion fréquente.

VIII

FRUITS DE LA COMMUNION FRÉQUENTE

Le premier effet de la Sainte Communion, plusieurs fois renouvelée en peu de temps, n'avait pas été seulement de dissiper les craintes de cette âme. L'Eucharistie l'avait enveloppée des rayons de lumière qui accompagnent Celui qui est la Vérité et l'avait initiée à l'idéale beauté des mystères de la vie chrétienne, par l'union à Notre Seigneur. C'était l'aurore de la paix apparaissant après la tempête : c'était l'annonce du soleil qui portait la chaleur et la vie à l'âme fatiguée et lâche. A cette clarté, elle avait reconnu son Frère, son Ami, son Sauveur ; elle s'était livrée avec le soulagement et l'ardeur du désespéré qui saisit la certitude de son salut après le danger. La bonté de Jésus, qui se donnait à elle avec une divine prodigalité, lui faisait envisager avec confiance les labeurs de la persévérance, et elle goûtait toute la vérité de la parole de saint Paul : « Je puis tout en celui qui me fortifie ».

La source de la vie lui était ouverte, et si, pour y avoir puisé pendant quelques semaines, elle se voyait animée d'une énergie que rien n'effrayait plus, que serait-ce après une succession, non interrompue, de communions ferventes ! Elle respirait une atmosphère nouvelle tout imprégnée de grâce et, l'élan de la jeunesse aidant, elle voulait sortir du nombre des tièdes pour s'établir au milieu des vrais amis de Jésus, au courant de la vie surnaturelle.

Ces dispositions que le jeune François n'aurait sans doute pu définir, mais qu'il ne tarda pas à manifester peu à peu dans tout l'ensemble de sa conduite, l'avaient bientôt porté à l'attrait d'une vie toute dévouée à la gloire de Dieu, à l'amour de Notre Seigneur et de la Sainte Vierge et au salut des âmes.

Dès les premiers jours qui suivirent ses communions faites à des intervalles assez rapprochés, il fut pénétré d'un sincère dégoût du monde. Cette aversion pour tout ce que n'inspirait point la grâce de Jésus-Christ, et qui était le fruit du Baptême et de la Confirmation, ranimé par l'effet du Sacrement de l'Eucharistie bien reçu, fut le premier mobile de son désir d'appartenir tout à Dieu.

La pensée de travailler au salut des siens, et ensuite de tous ceux qu'il voyait indifférents et ignorants, viendra insensiblement élever ses aspirations et leur donner une expansion qu'alimentera chacune de ses communions.

Mais, désormais, il jugea les choses avec le discernement de la sagesse surnaturelle que communique l'union intime à Notre Seigneur.

Quand ses condisciples parlaient, en sa présence, de ces projets d'avenir que, dans leur jeune imagination, tout promettait de favoriser, François manifestait une indifférence qu'il traduisait ordinairement par ces mots :« Et après ?... en tout il faut voir la fin. »

Comme l'avare qui n'apprécie que ce qui grossira son trésor, ce jeune sage n'estimait déjà que ce qui tendait à assurer le salut.

Cette vue de la fin de l'homme lui devint familière, et peu à peu, il s'en inspira dans tous les détails de sa vie.

Il s'appliquait très sérieusement à tous ses devoirs, mais sans paraître aussi sensible au succès qu'on l'est à son âge. Aussi, bien qu'il occupât dans sa classe une des premières places, c'est à peine s'il en fait une fois mention dans ses lettres à sa famille, se contentant d'écrire chaque fois : « Je fais mon possible ». Il le faisait avec une conscience louable.

Il avait tenu sa bonne mère au courant de l'amélioration accomplie en lui.

« Le changement qui s'est fait en moi, écrivait-il, est considérable... Cela ne s'est pas fait d'un seul coup. Il y a eu de ma part beaucoup d'hésitations, de crainte, de manque de volonté ; enfin, après une courageuse résolution, j'ai fait une confession générale... J'ai eu du dégoût quelque temps ; mais, après quelques luttes où j'ai été bien soutenu, je suis sorti triomphant, et depuis ce temps je suis tout transformé. Au dégoût que j'avais, a succédé un grand attrait pour mener une vie pieuse et vertueuse, que j'espère conserver toujours... Ce qui m'a ainsi changé, c'est la confession et la communion de tous les huit jours... »

Il voulut aussi faire part de ses bonnes dispositions à son vénérable curé, qui l'avait toujours entouré des témoignages de la plus affectueuse bonté et du plus paternel dévouement. Il lui demandait, pour les vacances, la permission de s'approcher fréquemment des sacrements.

Dans une de ses lettres écrites à cette époque, il parle ainsi de son attrait pour l'état ecclésiastique : « Je me sentais si indigne de cette vocation ; elle était si opposée aux vues de ma famille, que j'ai voulu y penser longtemps avant d'en parler, et voir si ce n'était pas une impression passagère. Mon confesseur m'encourage dans cette voie. Plus j'y réfléchis et plus je sens que le bon Dieu ne veut pas que je fasse autre chose ; je serai prêtre avec sa grâce, et missionnaire pour évangéliser les gens du peuple...

» Je sais très bien à quoi m'oblige, dès maintenant, une si belle vocation. J'ai tout examiné et je suis décidé. Je veux tout donner à Notre Seigneur, ma personne et ma part de fortune... J'espère montrer que je comprends l'honneur que me fait Notre Seigneur. »

Pour remercier Dieu de sa vocation et obtenir la grâce d'y conformer entièrement sa vie, il assistait chaque vendredi au chemin de croix que font librement, après le dîner, un certain nombre d'élèves, et ajoutait au chapelet qu'il disait tout entier, partie à la sainte Messe, partie avec la communauté après la prière du soir, une dizaine qu'il récitait une fois couché.

Afin de mieux suivre l'appel de la grâce, il remit à son directeur la promesse écrite de lui obéir absolument en tout et de ne rien faire sans le consulter, quand la règle ne lui dicterait pas sa ligne de conduite.

Il ne s'était laissé conduire à la Communion fréquente que par obéissance ; les grâces qu'il en avait retirées lui avaient fait concevoir une confiance sans bornes en son directeur.

D'ailleurs, autant la contention qu'il s'était imposée pour prendre au sérieux les considérations qui l'avaient quelque temps mis en défiance vis-à-vis de ses maîtres avait pesé à son esprit élevé, autant il se sentait soulagé à suivre la pente de son naturel en regardant les prêtres qui l'entouraient comme des hommes que leur caractère et leurs fonctions tiraient de l'humanité vulgaire.

Il avait à un haut degré le sentiment de la gratitude ; aussi était-il pénétré d'une profonde reconnaissance pour celui de ses Maîtres qui avait pris un intérêt particulier à son âme et l'avait, par ses conseils, amené à l'estime et à la pratique de la vertu. Il appréciait le bonheur que trouve l'âme à suivre la direction de celui qui lui est envoyé par la Providence pour lui servir de guide vers Dieu.

Il se complaisait dans les promesses faites par l'Esprit-Saint en faveur de l'obéissance et goûtait cette grâce qui souriait à sa bonne volonté.

Rien, peut-être, n'a manifesté davantage l'esprit de foi de cet aimable adolescent que sa confiance absolue en son directeur qui, lui, était bien vraiment le père de son âme.

Et ce n'était point seulement les conseils sollicités qui le mettaient à l'aise, mais aussi et surtout ceux qu'il recevait sans les avoir demandés.

Il s'ouvrait avec cette simplicité de l'enfant qui cherche Dieu et craint de se surprendre à porter en lui quelque obstacle à son union avec son Père qui est aux cieux. Aussi, voulait-il être certain que rien de ce qui serait à reprendre ou rien de ce qui serait à désirer dans sa manière d'agir ou de parler ne lui serait caché : il en avait fait l'objet d'une demande écrite. Il se plaignait même, parfois, qu'il ne lui fût exprimé qu'un désir : il préférait un ordre, comptant trouver dans l'acte d'obéissance qui lui serait imposé la victoire promise à ceux qui obéissent. Ses lettres et les notes ajoutées à ses devoirs expriment souvent cette préoccupation. « Mon père, écrivait-il un jour, ordonnez, je vous en prie ; je promettrai et vous pouvez être sûr que j'agirai comme j'aurai promis. » Il recevait ces ordres comme venant de Dieu même, et ne doutait point que l'assistance nécessaire ne lui vînt en même temps. Et il allait, courageux et confiant, dans ce calme indéfinissable de l'âme doucement guidée par la main de Dieu en qui elle s'abandonne, avec la sécurité de l'enfant bercé sur le sein de sa mère.

Le cœur de Jésus-Eucharistie épanchait la joie profonde de ses divines effusions dans ce jeune cœur qu'il trouvait purifié et fermé aux secousses du monde.

L'enivrement de ces communications imposait silence aux passions naissantes, et le corps participait à la tranquille béatitude de l'âme.

Sa physionomie singulièrement sympathique était toujours épanouie ; ses lèvres gardaient comme l'empreinte d'un sourire à peine disparu, et ses yeux au limpide regard semblaient illuminés d'un lointain reflet. L'ensemble de ses traits avait une expression à la fois énergique et douce. Ce sera le cachet de cette âme qui va, après la courte jouissance d'une tranquille paix, rentrer dans la lutte, immédiatement suivie du triomphe suprême.

IX

APOTRE DANS LA FAMILLE

L'heure allait sonner pour le courageux converti d'avoir, plus qu'au petit séminaire, où tout favorisait la vie de piété et de bon exemple, à se montrer ce qu'il entendait être comme chrétien.

Les vacances sont un temps de sérieuse et dangereuse épreuve, même pour les meilleurs élèves. Rarement, l'adolescent vertueux peut se dispenser de chercher, hors de |la famille, dans la société des amis ou des parents de son âge, des distractions légitimes et des relations nécessaires. Heureux, si la Providence met à côté de lui un ami qui partage ses sentiments de vertu et de piété ! Mais, que de fois, isolé au milieu de compagnons qui n'ont ni ses dispositions, ni son innocence, il subit insensiblement l'influence de ceux qu'il fréquente et revient au petit séminaire gravement atteint, quand il n'est pas tout changé et parfois, hélas ! perverti. Les prêtres, voués à l'éducation, peuvent dire si là n'est point la source de leurs plus amères douleurs. Et d'ailleurs, dans quelles familles, aujourd'hui, l'enfant n'est-il pas exposé à respirer l'atmosphère de dissipation et de plaisir qui nous enveloppe ? où ne court-il pas le danger de trouver, sous sa main, les romans les plus légers ?

François savait ce que les vacances lui demanderaient d'énergie et de sacrifices, s'il voulait être, pendant ces deux longs mois, toujours et partout, ce qu'il était depuis quelque temps au petit séminaire.

Longtemps à l'avance, il avait tracé la ligne de conduite qu'il voulait tenir, bien résolu à se montrer, dans la famille et au dehors, dévoué à Dieu sans mesure, attaché à la vertu sans réserve.

Il s'était fait un règlement qu'on dirait d'un fervent novice.

Comme toujours, il ne l'avait formulé qu'après mûre réflexion. Le directeur l'avait trouvé si chargé, qu'avant de l'approuver, il avait laissé passer quelques semaines. Plus d'un mois après, il demanda au pieux jeune homme d'en rédiger un autre, pensant que, peut-être, il apporterait quelques atténuations à la première rédaction. Le second ne différait du premier que par une précision plus grande encore.

En tête, il avait écrit ces paroles de l'*Imitation* : « Prie, sois patient et courageux; la consolation viendra en son temps »; puis, ce simple préambule : « Le ferme propos et, par là, le changement de vie étant le signe le plus évident d'une parfaite conversion, je me propose, dès maintenant et surtout pour les vacances, les obligations qui vont suivre. »

Et, avec une netteté qui révélait une résolution ferme de demeurer fidèle aux moindres prescriptions de la vie de ferveur qu'il embrassait, il porte son attention sur les points d'où pouvaient lui venir les premiers obstacles et les premières tentations. Sa confiance en Dieu, son amour pour l'Eucharistie, sa dévotion envers la Très Sainte Vierge, loin de le rendre téméraire, lui faisaient mieux sentir

l'importance de la vigilance et de la prière.
Il prévoit les dangers particuliers qui pour-
raient l'atteindre par ses côtés faibles, et il
se précautionne par des moyens ingénieux
que lui suggèrent sa clairvoyance et la connaissance qu'il a de lui-même.

Mais il s'appuie surtout sur la prière et
lui fait une large part dans l'emploi de son
temps.

La communion hebdomadaire répondait
aux besoins et aux aspirations de son cœur
et de son âme : il en fixa le jour au vendredi
de chaque semaine.

Ainsi, quand s'acheva cette année scolaire
qui avait été si heureusement féconde, il se
trouva tout prêt à affronter les vacances qu'il
saluait avec joie.

De nombreuses récompenses et des prix
pour les principales matières de la classe
avaient constaté son application et couronné
son succès.

Il partit plein de courage, bénissant Dieu
de ce que sa miséricorde avait accompli en
lui, et portant dans le secret de son cœur un
vif désir de travailler au salut de ceux de ses

parents qui vivaient en dehors des pratiques de la religion.

Déjà, il avait prié et offert plusieurs communions à cette intention. Cette préoccupation du salut de ceux qui lui étaient chers, de son bien-aimé père surtout, lui avait fait prendre la pieuse habitude d'offrir chaque jour à Notre Seigneur quelque acte de mortification intérieure, pour rendre ses prières plus efficaces.

Il appréciait selon la foi et à la mesure de son bonheur, la valeur de la grâce qu'il sollicitait, et, afin de se rendre moins indigne de l'obtenir, avec ce sens droit qui le distinguait, il comprenait qu'il devait lui-même aimer et servir Dieu avec la perfection dont il était capable.

N'était-ce point là le secret de l'austérité qui caractérisait son règlement de vacances ?

Dès son arrivée dans sa famille, il se mit à l'observer exactement, et il pouvait écrire après la première semaine :

« Je comprends que le temps d'épreuve est arrivé ; mon courage n'a point diminué, et, en si peu de temps, j'ai eu plusieurs occasions de m'en servir, mais je sens qu'il ne me suffirait pas si je n'avais, avec la grâce de Dieu, le secours de la Sainte Vierge... J'ai eu plusieurs occasions aussi de braver le respect humain...

» Je suis mon règlement et voici comment je partage mon temps : A mon réveil, j'offre mon cœur à Dieu et, dès que je suis habillé, je fais ma prière ; je lis ensuite une des méditations que vous m'avez indiquées, puis je récite les litanies de Notre-Dame du Perpétuel-Secours. Après la messe, je reviens déjeuner et je vais en classe à huit heures jusqu'à midi.

» Je vais sonner l'*Angelus* et je fais une visite au Saint-Sacrement, pendant laquelle je dis deux dizaines de chapelet et lis un chapitre d'*Imitation*.

» Après dîner, à deux heures, je reviens en classe pour sortir vers cinq heures... »

Il avait eu le bonheur de trouver, dans l'admirable dévouement de son vénérable curé, un précieux secours pour employer utilement ses loisirs de vacances.

Le soir, il se promenait seul ou avec sa mère dans les champs, puis se retirait dans sa chambre pour étudier, lire ou écrire à son directeur

Avant de se coucher, après la prière faite en commun, il lisait un chapitre d'*Imitation*, s'il ne l'avait lu dans la journée, et récitait son chapelet en entier.

Il s'était réservé le jeudi pour son père et le passait à Montignat, et souvent aussi l'après-midi du dimanche.

Partout il portait la joie qui débordait de son âme et l'édification de sa conduite.

« Mon père a été très mal, écrit-il ; il s'est senti mieux à mon arrivée et m'a dit que ma présence le guérissait à moitié... Il a confié à ma mère qu'il me trouvait tout changé et lui a demandé si je n'en viendrai pas à vouloir être prêtre. Je me suis aperçu que cette idée tourmente mes parents de Montignat, et je tâche d'éviter ce qui leur ferait soupçonner mon intention...

» Je n'ai jusqu'à présent d'autre peine que de voir où en sont ceux qui m'entourent, excepté ma bonne mère... »

Et il se laisse aller à toute l'effusion de sa reconnaissance pour son directeur qui l'a conduit à Dieu. Il voulait à son tour travailler à faire connaître Dieu et le faire aimer dans sa famille.

Il devait obtenir cette grâce, mais son cœur ne goûta cette joie du triomphe de sa tendresse filiale et de son zèle qu'après avoir été meurtri par les épines et la croix.

Son invariable régularité dans l'accomplissement de ses exercices religieux avait attiré l'attention de tout le monde dans son voisinage. Beaucoup étaient édifiés de sa piété franche et aimable, de son attitude pleine de simplicité et de courage ; mais il n'y avait guère parmi les siens que sa pieuse mère à s'en réjouir et à l'en féliciter.

Bien qu'il gardât un secret absolu sur sa vocation, ses inclinations devinrent évidentes pour tous. Il eut à supporter dès lors des obsessions, d'autant plus pénibles, que sa situation particulièrement délicate l'obligeait à montrer, à l'égard de ceux qui en étaient le plus aigris, la plus grande déférence.

L'énergie ne suffisait pas : il fallait une incroyable patience. Il trouva l'une et l'autre dans son tendre amour pour Notre Seigneur au Saint-Sacrement et dans sa confiance en la Très Sainte Vierge.

Il retrempait ses forces chaque semaine dans la sainte communion, et il se relevait de la Table sainte rempli d'une nouvelle ardeur. En s'unissant à son jeune serviteur, Jésus-Eucharistie lui communiquait la sagesse dont il avait besoin, afin de savoir concilier, avec son affection et son respect pour ses parents, sa fidélité constante à ses résolutions.

Il sortit ainsi victorieux de plusieurs rencontres délicates où ces deux sentiments de l'obéissance filiale et de la générosité chrétienne se trouvaient en lutte.

Le lundi, 14 août, vigile de l'Assomption et jour d'abstinence, il assistait à une réunion de famille où il avait dû conduire son père infirme. Tout était servi en gras ; il fit bonne contenance et se contenta d'un peu de dessert, malgré les plaisanteries et les instances des convives. Le lendemain, il racontait son aventure dans une lettre pleine d'entrain et se félicitait d'avoir trouvé cette occasion de montrer devant toute sa famille qu'il était déterminé à servir Dieu avant tout.

Peu de jours après, son père le pressait d'aller assister à une noce villageoise où sa vertu aurait eu à souffrir des mœurs grossières et des libertés licencieuses qui signalent les assemblées de ce pays démoralisé par l'émigration ; il n'hésita pas à exposer les motifs qui l'obligeaient à s'abstenir et supplia son père de l'excuser.

Tout fut tenté pour lui faire abandonner le petit séminaire et lui faire accepter le lycée ; il tint bon, faisant valoir, avec habileté, les raisons les plus capables de frapper ceux qui le harcelaient.

Ne pouvant réussir autrement, le grand-père de Montignat employa les menaces : il voulut exiger de François la promesse qu'il ne se ferait pas prêtre et, sur son refus catégorique de prendre un pareil engagement, lui déclara que, désormais, il cesserait de faire les frais de son éducation. C'était mettre le pauvre enfant dans un grand embarras : aux Andrieux, sauf Mme Tixier, aucun des grands parents n'était disposé à pousser aux études l'aîné de la famille, qu'ils eussent voulu voir embrasser leur vie d'agriculteurs et se tenir prêt à remplacer le vieux grand-père malade et presque infirme.

François s'en remit aux soins de la Providence et trouva une diversion heureuse à ces pénibles préoccupations, en se donnant tout entier à l'œuvre qui était l'objet de ses vœux les plus ardents, de ses prières les plus ferventes : la conversion de son père bien-aimé, dont la santé déclinait de plus en plus.

X

NOTRE-DAME DE LOURDES

« Je suis heureux de penser, écrivait ce bon fils, que, si je suis fidèle à la grâce de Dieu, j'obtiendrai la guérison de mon père. »

Mais sa foi lui faisait désirer, plus ardem. ment encore, le retour à Dieu de cette âme bien-aimée, et, s'il ne cessait de demander à la Très Sainte Vierge le premier miracle, il ne le sollicitait qu'en se préoccupant surtout du second. Il ne doutait point que la Mère des miséricordes ne commençât à guérir l'âme avant de rendre la santé au corps. Il fallait que le malade se jetât aux pieds de Dieu pour que Dieu en prît pitié; il le comprit et, tout en priant avec ferveur pour sa conversion, il travailla lui-même à cette œuvre, de toutes ses forces.

L'histoire de Notre-Dame de Lourdes, qu'il

lisait alors à ses moments de loisir, lui fournit une occasion naturelle d'entretenir son père des prodiges admirables racontés dans ce beau livre. Il l'intéressa à ces récits, et, suivant avec une attention qu'éclairait sa piété les impressions qui naissaient peu à peu, au souffle de sa parole, dans le cœur du malade, il lui inspirait insensiblement l'idée de demander sa guérison à la Très Sainte Vierge.

Dans ses lettres à son directeur, il lui fait part des progrès qu'il observe, lui communique ses espérances et le consulte sur les ingénieuses combinaisons de son zèle.

Lorsque les douleurs plus vives retenaient le patient à la maison, il lui faisait la lecture de quelques pages du livre de M. Lasserre, et il était tout heureux d'écrire bientôt : « Mon bon père a lu déjà une partie de l'histoire de Notre-Dame de Lourdes ; il y prend grand intérêt. Il me semble entrer dans de bonnes dispositions ». Et quelques jours après, il annonce, avec les transports d'une joie très vive, qu'après une fervente communion, ayant demandé à son père de réciter avec lui un chapelet, le cher malade s'était rendu avec empressement à sa proposition et avait promis de le dire désormais tous les jours.

C'était un premier succès qui présageait la victoire complète. Marie, la Vierge-Immaculée, la consolatrice des affligés, avait attiré à Elle cette âme souffrante. Elle ne pouvait tarder à la conduire à Jésus pour lui faire trouver le salut.

Le pieux enfant n'avait pas compté être si vite exaucé ; aussi sa confiance n'avait plus de bornes. Il était impatient d'aller plus avant et voulait, après sa prochaine communion, parler déjà de confession. Il lui en coûta d'attendre, mais Marie lui réservait une double joie qui devait remplir son âme d'une gratitude qu'il ne saura plus comment exprimer.

Une absence de son vénérable curé lui avait donné une semaine de repos ; il en profita pour consacrer tous ses instants à son malade, le disposant par les attentions les plus tendres aux propositions nouvelles qu'il méditait et qui étaient prêtes à jaillir de ses lèvres.

Le bon curé n'ayant pu, à son retour, reprendre immédiatement ses fonctions de professeur, le jeune élève resta près de son père; mais, sans craindre la distance qui le séparait de l'église, il assistait chaque matin à la messe et revenait ensuite reprendre son poste de garde-malade, faisant quelquefois à jeun huit kilomètres pour passer plus de temps auprès de celui dont la conversion l'absorbait de plus en plus.

Un matin qu'il revenait ainsi, après avoir fait la sainte communion avec sa bonne mère qui l'accompagnait, il fut au comble du bonheur d'entendre son père lui dire qu'il pensait à se rendre à Lourdes pour demander sa guérison à la Sainte Vierge.

Le malade manifestait l'intention de faire un sérieux et fervent pèlerinage et il demandait à son pieux enfant de l'aider à s'y bien préparer.

L'heure était venue de laisser son cœur épancher librement les désirs ardents qu'il contenait à regret depuis qu'il avait vu son père prier avec piété. François indiqua aussitôt, comme préparation nécessaire, une bonne confession et il convia tous ceux qui étaient présents à s'approcher des sacrements pour s'unir, d'esprit et de cœur, aux prières du pèlerinage. Sa parole, animée par la joie qui remplissait son âme, adjurait toute la famille de se mettre dans les meilleures dispositions vis-à-vis de Dieu. Tous étaient émus et versaient des larmes, tandis que l'heureux fils sollicitait de chacun la promesse d'être, au jour fixé, fidèle au rendez-vous commun, à la sainte Table. Il aurait voulu qu'il n'y manquât aucun des membres des deux familles. C'eût été trop de bonheur ; il y eut une résistance que rien ne put fléchir et qui lui laissa un regret dont l'amertume reviendra, un an plus tard, traverser la radieuse paix de son agonie.

De ce jour, le fils dévoué se fit le catéchiste de son père, le disposant à faire une confession qui devait embrasser de longues années.

Le père se mettait, avec une simplicité touchante, sous la direction de son admirable fils dont la vertu et la tendresse avaient ravi son cœur. Il fit, avec lui et d'après ses indications, une neuvaine à Notre-Dame du Per-

pétuel-Secours pour obtenir la force de supporter le voyage de Lourdes.

Chaque jour, le bras malade était frictionné
avec l'huile de la petite lampe qui brûle devant l'image de Notre-Dame du Perpétuel-
Secours au Carmel de L..

Au jour convenu, François partit avec son
cher infirme pour rejoindre le pèlerinage dio-
césain. « Ceux qui virent mon père dans ce
voyage si pénible pour son état, écrit-il dans
les notes où il raconte son pèlerinage, admi-
rèrent tous sa patience. » Le confesseur de
François les accompagnait et put constater le
courage et l'énergie du malade.

Arrivés à Lourdes, après un pénible trajet
de dix-huit heures, ils avaient hâte d'aller
saluer la Vierge-Immaculée, s'agenouiller
devant la grotte et prier. Ils assistèrent ensuite
à la messe, qui fut célébrée à leurs intentions,
à l'autel de Saint-Michel, dans la crypte. Le
pauvre malade, dominant ses violentes douleurs, passa la plus grande partie de la
journée à suivre les exercices de piété qui se
succédaient, soit à la grotte, soit à la basilique. Il voulut, avant de se confesser, prendre

quelques avis de son pieux enfant et désira que le confesseur de son fils reçut aussi ses aveux. « Mon père brûlait du désir de se plonger dans l'eau miraculeuse, lisons-nous dans les notes déjà citées, espérant en sortir guéri. Il s'y plongea enfin et très courageusement, après avoir fait une confession générale et la sainte Communion. Il sortit de la piscine avec sa grosseur au bras ; mais il ne perdit pas au change : Dieu et la Sainte Vierge connaissaient, mieux que nous, ce qui lui était le meilleur. »

François aurait pu, en effet, céder à un sentiment de tristesse en voyant que la guérison n'était point venue et que les douleurs, toujours aussi vives, faisaient craindre pour le retour un voyage plus difficile et plus inquiétant. Mais sa foi lui faisait voir l'accomplissement d'un miracle plus profitable et plus nécessaire dans les sentiments de tendre piété que manifesta son père pendant les deux jours passés aux pieds de Notre-Dame de Lourdes.

Aussi, quand vint l'heure du départ, il était tout à l'admiration et à la reconnaissance.

Au sortir de la basilique où les pèlerins venaient de faire leur dernière station, il s'arrêta quelques instants sous le portique de droite, seul, silencieux et recuilli. Appuyé à la balustrade qui couronne le rocher, il considéra une dernière fois ce site merveilleux que la main de Dieu semble avoir disposé tout exprès pour être le cadre magnifique de l'apparition bénie.

Avant de s'éloigner, ses yeux se fixèrent, une fois encore, sur la belle statue de Marie Immaculée, autour de laquelle s'étaient déroulées, la veille, dans les sentiers sinueux de la prairie, les longues files d'une immense procession aux flambeaux.

Le soleil disparaissait derrière les montagnes, et les hauts sommets des Pyrénées reflétaient ses derniers rayons sur la blanche chapelle. En bas, la vallée du Gave, déjà enveloppée des premières ombres du soir, s'illuminait peu à peu de la lumière des cierges innombrables, vacillant autour de la grotte d'où montait le murmure d'une incessante prière.

Le beau spectacle de la veille était sans

doute présent à son esprit, et comme s'il eût entendu encore ce délicieux concert de dix mille voix humaines, où s'unissaient tous les âges, portant vers la basilique de Marie, en chœurs nombreux, l'écho des pieux cantiques mêlé au bruit sourd des vagues du torrent, il prêtait l'oreille.

Son âme s'élevait au-dessus de la terre et cherchait, dans cet ensemble d'indéfinissables beautés, qu'il avait contemplées, une idée du ciel.

C'était comme un souffle de l'éternelle patrie qui avait passé sur son cœur, et son âme écoutait si le vent de la vallée ne lui porterait pas un autre écho des concerts angéliques.

Douce extase d'émotion et de joie ! elle venait préparer ce charmant adolescent à la cruelle épreuve que devait suivre de près la lutte suprême.

Vision radieuse, elle fixait en Dieu toutes les ardeurs de sa jeunesse et les imprégnait de souvenirs qui ne s'effaceront plus et revivront avec l'attente prochaine de la complète réalité.

Un an après, et presque au jour anniversaire, la même vision soutiendra ses derniers efforts et réjouira son agonie.

Il fallut enfin s'arracher à ces lieux qu'il ne devait plus revoir. Peut-être en eut-il le pressentiment, car, le prêtre à qui il communiquait ses impressions du moment, lui disant qu'il ne fallait point dire adieu, mais au revoir, François ne répondit que par un sourire et un signe de tête qui n'exprimaient pas cette espérance.

A peine était-il de retour auprès de ses parents qu'il se hâta d'écrire à son directeur que, si la sainte Vierge n'avait pas jugé bon de guérir son père, elle avait fait d'autres miracles au sein de sa famille, et il se déclarait impuissant à traduire son bonheur.

Il ajoutait que, pour sa part, il avait rapporté de Lourdes un grand amour de la prière et de la sainte Communion.

Il se remit à son règlement avec un nouveau zèle pour sa sanctification et celle de tous les siens. Tous les jours et les moments libres que lui laissait son travail, il les passait auprès de son père avec qui il aimait à prier et à s'entretenir des souvenirs du pèlerinage.

C'était pour lui un sujet intarissable, et quand il était dans la campagne, il chantait de toutes ses forces les cantiques qui lui rappelaient les douces émotions de son voyage.

C'est ainsi qu'il s'annonçait de loin presque chaque soir. Le pauvre malade tressaillait à cette voix connue et s'avançait sur le seuil pour voir plutôt ce fils si tendrement aimant, dont la visite était un baume à ses violentes douleurs. Quand son cher enfant repartait, il l'accompagnait souvent jusqu'au sortir du village et s'asseyait, au bord du chemin, sur une pierre d'où il pouvait le suivre longtemps du regard. Lorsque, au bas de la colline, François avait disparu sous les arbres, il reprenait les chants qu'il aimait pour dissiper la tristesse de la séparation, et le père restait là, tant qu'arrivait jusqu'à lui un écho des pieux refrains.

XI

DERNIÈRE ÉPREUVE

La rentrée du petit séminaire vint mettre fin à ce touchant échange de tendresse entre ces deux âmes si étroitement unies.

La séparation coûtait à l'un et à l'autre ; aussi, le père voulut-il, malgré la souffrance inévitable qu'il en aurait, faire encore ce voyage et conduire son cher enfant, qu'il allait quitter, cette fois, avec la crainte de ne plus le revoir.

François continua par ses lettres son pieux office d'ange du bon conseil, apprenant à son père à endurer ses vives douleurs pour l'expiation de ses fautes et lui rappelant que ce qu'il souffrait avec résignation abrègerait son purgatoire.

Entraîné par son esprit de foi qui lui faisait mépriser cette vie et ne l'apprécier qu'au

poids de l'éternelle récompense promise à
à ceux qui l'auront bien employée, il ne
craignait pas de parler de la mort, l'envi-
sageant comme une délivrance et assurant
son père que, s'il avait le malheur de le perdre,
il l'assisterait de tout son pouvoir, par ses
prières, pour hâter son entrée au Paradis.

Toujours plein de courage, il dominait
l'émotion et la tristesse de son cœur et portait
partout l'édification de son aimable piété. Il
s'appliquait à donner à ses maîtres les témoignages d'un filial et respectueux attachement
et à rendre à ses condisciples les services de
la charité la plus attentive.

Les progrès de son âme dans la vertu
avaient développé ses qualités naturelles et
il exerçait par son seul exemple un ascendant
considérable sur les élèves, dans sa classe
surtout. Sympathique à tous, il était bon
pour tous et se prêtait à tous les jeux, attentif
à ne rien laisser paraître des angoisses de sa
piété filiale.

Deux mois après la rentrée, il fut appelé
auprès de son père qu'on croyait à la mort.

Ce fut dans cette circonstance que le grand-père, toujours préoccupé de l'idée que ce jeune homme si pieux ne pouvait manquer de songer à se faire prêtre, voulut en avoir le cœur net et savoir la vérité.

François dévoila avec franchise son secret : il répondit, sans détour, qu'il croyait que telle était sa vocation et qu'il la suivrait à tout prix.

Une tentative violente pour le détourner de cette pensée fut le résultat de cette révélation.

Le grand-père voulait la promesse formelle que, si son père mourait, François accepterait la charge de chef de famille et interromprait ses études ou ne les poursuivrait que pour embrasser une carrière dans le monde. Il appuyait son raisonnement de combinaisons qui l'avantageraient singulièrement à titre d'aîné, comme aussi de menaces s'il ne renonçait pas à son idée d'entrer dans l'état ecclésiastique. François resta ferme et inébranlable, mais il eut un profond chagrin de voir son père s'unir à ces instances qui le blessaient au plus intime de l'âme.

Il revint péniblement impressionné, mais animé de la même énergie.

Le 25 janvier, on vint le chercher de nouveau, son père se mourait.

Voici quelques lignes écrites, peu après, sur ce grand chagrin de sa vie :

« Quelles douleurs m'apporta ce jour de deuil ! Les circonstances rendirent plus vifs encore les regrets d'une si grande perte. Averti à sept heures du soir par des amis qui me cachaient la vérité pour ne point m'affliger, je me rendais sans trop de préoccupation au chevet de mon cher père malade, ne pensant pas qu'à mon arrivée je serais en présence d'un agonisant.

» Vers dix heures, j'ouvre la porte avec précipitation, tant était grande ma joie d'embrasser mon bon père et d'apercevoir sur ses lèvres un doux sourire; mais, que vois-je? mon père expirant. La famille et les amis se tenaient silencieux autour de son lit d'agonie... J'éclatai en sanglots...

» Mon père, mon cher père, lui dis-je, c'est moi, ton François... réponds-moi... un mot... un seul mot... un geste, je t'en conjure... Sainte Vierge, secourez-moi !... Puis, touchant doucement la paupière de ses yeux fermés, je lui répétais : « Père chéri, regarde, c'est ton fils François... » Mais, effort inutile, la vie était sur le point de l'abandonner. Saisissant sa main, je lui répétais : « Fais-moi un signe pour me dire que tu m'entends, que tu sais que c'est moi. » A ce moment, réunissant tout ce qu'il avait de vie, il essaya de me serrer la main. Ce seul signe qu'il m'entendait fut pour moi une consolation.

» Retenant mes larmes, je considérai ses traits amaigris, son bon visage et son front calme...

» Quoique sa respiration fut bruyante et précipitée, cependant, il semblait attendre sa fin avec paix...

» Tout à coup, il respira plus lentement et moins fort ; enfin, il sembla pousser un soupir... Il était mort.

» Pendant ce temps, je priais Dieu et la sainte Vierge de toute mon âme ; je fis même quelques promesses.

» Au moment où il expira, je me penchai sur son lit et je l'embrassai. Tous ceux qui étaient présents et surtout ma mère fondaient en larmes. Mes deux frères s'approchèrent, et nos pleurs coulaient sur son visage pâle et amaigri. Je m'efforçais de consoler ma mère désolée ; je disais à mon grand-père et à ma grand'mère de ne pas s'abandonner au chagrin, de prier plutôt. Ensuite, aidé de ma mère, de mon grand-père et d'un voisin, je le revêtis de ses habits et je priai Dieu de tout mon cœur.

» Mais je n'avais pas encore ressenti la plus grande douleur. Quoique je comprisse que mon père était mort, je n'en avais qu'une idée vague tant que je le voyais. Il fallut la séparation pour me faire voir la réalité du malheur qui me frappait.

» A l'église attendaient les restes de mon frère Jean, que mon père avait tendrement aimé. On l'avait exhumé pour le placer dans un caveau de famille, en même temps que son père. Je ne pus retenir mes larmes, au souvenir de mon cher frère, j'embrassai le cercueil qui contenait ses restes et je récitai mon chapelet en pleurant, demandant à la Sainte Vierge d'unir bientôt ces deux chers morts.

» Lorsque, au cimetière, on eut introduit

les deux cercueils dans le caveau, j'éprouvai une douleur déchirante. Je dis un dernier adieu à mon père que j'avais tant aimé, à mon frère qui avait été si bon pour moi dans mon enfance. Je me retirai le cœur brisé.

» Arrivé dans la demeure de ma mère, je la consolai de mon mieux, et nous nous jetâmes ensemble à genoux devant la statue de Notre-Dame de Lourdes, que mon père avait si ardemment invoquée pour sa guérison et qui, je n'en doute point, l'avait assisté à son heure dernière. »

François eut une telle affliction de la mort de son père que sa santé, qui jusqu'à ce moment était en rapport avec sa belle et forte constitution, parut dès lors ébranlée. Peut-être, aussi, les courses fréquentes des dernières vacances l'avaient-elles exposé à des imprudences que ne comptait pas son dévouement filial.

A ce moment et dès son retour au séminaire, après la mort de son père, il resta comme sous le coup d'une secousse violente. Il fut pris d'un dégoût qui s'étendait à toute chose. Il s'en plaignait ainsi :

« Que je suis loin de sentir les consolations et le goût que j'avais précédemment ! J'espère chaque jour que le lendemain sera meilleur ; mais, le lendemain, je me lève avec les mêmes impressions. Je suis moralement comme si j'étais en état de péché, et pourtant, je suis bien sûr que je n'ai pas offensé le bon Dieu et que je ne veux pas l'offenser... Je n'ai plus de goût à rien, tout me coûte, même ce qui jusque-là faisait mes délices. Mais ne craignez rien, je n'en ferai pas moins mon devoir. J'ai la conscience en paix. Avec l'aide de la Sainte Vierge, je serai fidèle malgré tout. Je n'oublie pas ma vocation et je travaille de tout mon cœur à m'en rendre digne. Je trouve dans la sainte Communion de quoi me soutenir pour huit jours, et quand j'ai communié deux fois dans la même semaine, je m'en trouve mieux pour tout... »

« J'ai des efforts à faire sur moi-même, écrit-il à sa mère. Mais sois tranquille, je ne change pas. Je fais tout comme quand j'avais beaucoup de goût. Je joue et je tâche de paraître content, quoique souvent les larmes soient bien près de jaillir de mes yeux... »

Plus que jamais, et avec un abandon plus touchant encore, il se tenait sous le regard protecteur de Marie. Sa dévotion toute filiale envers la Très Sainte Vierge avait pris un nouvel essor à la suite de son pèlerinage de Lourdes, et on peut dire qu'à partir de ce moment la douce image de Marie-Immaculée ne le quittait pas : son esprit ne se lassait point de penser à elle, pas plus que son cœur de l'aimer chaque jour davantage.

Les pages qu'il écrit, dès lors, sont pleines de ses sentiments de reconnaissance et de tendresse pour cette divine Mère, dont il répète partout et sans cesse le nom béni.

Il avait toujours devant lui, pendant son travail, une petite photographie de la Vierge couronnée de Lourdes et, dans sa chambre, une grande et belle statue qu'il avait rapportée de son pieux pèlerinage.

XII

Dieu, qui allait bientôt l'appeler à lui, faisait passer cette âme généreuse par le creuset de l'épreuve la plus pénible pour les âmes pieuses et réservée aux plus fortes.

Ce cher enfant avait été si courageux en se donnant à Dieu, il s'était si docilement prêté à la transformation qu'opère la communion fréquente, dans les âmes sincères et persévérantes, qu'en moins de deux ans, il en était arrivé à l'héroïsme de l'amour. Il aimait Dieu, Jésus, Marie, plus que tout et malgré tout, et cet amour était le mobile constant qui l'inspirait, la lumière permanente qui le dirigeait. L'heure était venue pour lui de le montrer.

Le divin Maître lui avait fait goûter jusque-là les douceurs de son service et la suavité de ses consolations intimes. Il lui retira tout à coup ces joies intérieures qui tiennent l'âme dans une sorte d'atmosphère surnaturelle où tout est comme baigné des rayons de paix, de bonheur, de clartés divines, dont le Paradis est inondé et qui font oublier les faiblesses et les misères de la nature. A partir de ce moment, il le soumit à l'épreuve d'une sécheresse qui semblait l'abandonner à ses propres forces. De là cette espèce de dégoût que François dut combattre désormais presque jusqu'à la fin de sa vie.

A cet état si pénible par lui-même vint bientôt s'ajouter une tentation violente qui, déjà, l'avait un instant troublé, au moment de son retour à la ferveur.

Il fut saisi de la pensée que son âme, privée de ces sentiments intérieurs qui avaient accompagné ses efforts et sa persévérance, soumise à une lutte de tous les instants, serait une fois ou l'autre surprise; qu'il n'aurait plus ensuite la force de se relever; que plus il avait reçu de grâces, plus sa chute serait par là même coupable et peut-être irréparable... C'était moins un raisonnement de son esprit qu'une impression qui le harcelait, l'envahissait, l'enveloppait, malgré lui, d'une nuit obscure où il ne voyait plus, tant l'effroi l'absorbait.

Cette crainte ne cessa plus de le poursuivre et il vécut avec ces angoisses continuelles.

Il lui semblait qu'étant presque certain de faillir, il ne pouvait plus être sincère dans ses protestations d'amour et de fidélité à Dieu.

Il allait jusqu'à trembler parfois dans ses prières, craignant qu'elles ne fussent une hypocrisie et un mensonge.

Il se comparait à un malheureux qui, gravissant une haute montagne, se sent pris de vertige et n'avance qu'avec terreur, redoutant, à chaque pas, de s'exposer davantage à être précipité de plus haut dans l'abîme qu'il veut éviter.

L'image de l'enfer était sans cesse sous ses yeux et il lui semblait qu'il n'y pourrait échapper.

La pensée du ciel qui, auparavant, venait illuminer du lointain reflet de sa gloire les heures de ses angoisses passées, ne se présentait plus à lui que dans un horizon qu'il se voyait menacé de n'atteindre jamais.

Cette confiance naïve qui doublait son énergie aux jours de son laborieux retour à Dieu, il ne la sentait plus : il ne sentait qu'une chose, son impuissance personnelle.

Il ne se croyait plus capable, ni digne d'envisager l'idée d'être prêtre un jour. Il ne voulait pas penser à l'avenir qui l'épouvantait et le rêve que son amour pour Dieu, ses attraits apostoliques avaient caressé, ne lui paraissait plus qu'une élévation sublime vers laquelle il ne pourrait parvenir.

Mais sa foi restait inébranlable : ses craintes terribles, au lieu de l'abattre, le rendaient plus vigilant, plus défiant de lui-même, plus humble, et lui inspiraient une profonde horreur du péché.

Il s'appliquait à ne laisser jamais son esprit inoccupé et il portait à ses prières, qu'il multipliait aux moments libres, une attention si soutenue qu'il pouvait dire : « A l'étude et à la chapelle, je suis tranquille... Quand je travaille, je ne pense qu'à ce que je fais... Quand je prie ou que je chante, je ne pense qu'au bon Dieu... » Et il trouvait tout naturel de n'avoir guère à souffrir des distractions.

D'ailleurs, François ne s'ouvrait de cette épreuve qu'à son directeur et nul autre n'eût pu soupçonner le travail qui s'accomplissait dans le secret de cette âme.

Extérieurement, il portait à toutes choses le même soin et aux jeux le même entrain : toujours aussi docile à toute recommandation de ses maîtres, aussi empressé à tous ses devoirs, aussi bon pour ses condisciples, aussi patient dans les contrariétés et les contradictions.

Rien ne trahissait au dehors la lutte qui se livrait en lui.

Seul le sourire qui, en temps ordinaire, venait souvent effleurer ses lèvres et donner à sa physionomie le charmant reflet des beautés sereines de son âme, était devenu plus rare, mais sans faire place à aucun indice de tristesse.

Il employait, avec la même obéissance filiale, les moyens qui lui étaient conseillés pour dissiper ces préoccupations fâcheuses, mais sans retrouver le repos.

Il aimait à relire les pages de la vie de saint François de Sales, où est racontée la tentation que ce grand saint eut à subir, dans sa jeunesse, quand, lui aussi, il s'était senti envahir par la crainte de sa réprobation éternelle. A son exemple, François invoquait Marie, dont il portait toujours sur lui l'image, quand il ne pouvait l'avoir sous les yeux.

Un trait montrera combien l'énergie de cette âme restait entière.

Une nuit, vers la fin de l'hiver, à une heure assez avancée, le surveillant, passant près du lit de François, fut très surpris de le trouver couché tout de son long par terre, endormi, les bras croisés sur la poitrine. Il parut évident que ce n'était pas à la suite d'une chute qu'il s'était trouvé ainsi surpris par le sommeil ; aussi, le lendemain, on lui demanda raison d'une imprudence si répréhensible en apparence. Il eût préféré se taire : une minute d'hésitation le fit supposer ; mais, comprenant qu'on lui faisait un devoir de s'expliquer, il répondit avec simplicité qu'au moment où il s'endormait, il avait été troublé par des impressions qui avaient inquiété et révolté la délicatesse de sa conscience, et,

qu'après s'être réveillé vivement et avoir in-
voqué la Très Sainte Vierge, il s'était disposé
à s'endormir de nouveau. Avec le demi-som-
meil, les mêmes agitations s'étant de nouveau
présentées : « J'ai voulu m'en débarrasser
tout de bon, dit-il, et voilà pourquoi je me
suis mis par terre. »

Ne se surprend-on pas à se rappeler saint
Benoit se jetant sans vêtements dans les ron-
ces du désert de Subiaco, ou saint François
d'Assise se roulant nu sur des buissons ?

Ainsi cette âme se trempait dans l'épreuve
et s'affermissait au vent des tentations. Elle se
donnait toute à Dieu, dans une immolation
lente, douloureuse et constante.

XIII

CONGRÉGATOIN DE LA SAINTE VIERGE.
VISITE AUX PAUVRES

Dès son entrée dans la division des grands, François avait demandé à être admis dans la Congrégation de la Sainte Vierge et aussi dans la Conférence de Saint-Vincent-de-Paul. Dans l'une comme dans l'autre. il fut accueilli avec empressement.

Son tendre amour pour Marie trouva un nouvel aliment dans son titre de congréganiste et dans la charge de conseiller qui lui fut donnée dans la suite.

Le congréganiste, à ses yeux, devait être le modèle des élèves. Il n'aurait point compris que la règle eût pu être observée plus ponctuellement, la discipline plus fidèlement respectée, le dévouement aux maîtres plus affectueusement témoigné, la charité à l'égard

6.

des condisciples plus religieusement pratiquée par d'autres que par un membre de la Congrégation. Aussi, s'appliqua-t-il à se montrer, partout et en toutes circonstances, digne de l'honneur qu'il avait sollicité.

Et, quand les suffrages l'eurent mis au nombre des conseillers, il prit au sérieux la part de responsabilité que lui imposait cette dignité, en prêtant généreusement et simplement son concours au préfet et au directeur, pour que le choix des candidats fût sérieux et éclairé, comme aussi pour signaler ce qui intéressait l'honneur et l'influence de la Congrégation.

Si un membre s'oubliait en sa présence, François n'hésitait pas à lui rappeler son devoir et ses engagements : il le faisait sans forfanterie et sans crainte, ordinairement, par une de ces paroles énergiques que lui dictait sa droiture et qui ne permettait pas de réplique. On s'observait devant lui, car on savait qu'il ne transigeait pas quand sa conscience lui commandait de se montrer.

Les réunions si édifiantes du jeudi et celles plus solennelles des jours de fête, dans le gracieux sanctuaire de Marie, aux pieds de sa divine Mère, étaient une jouissance sensible pour sa piété. Il aimait son titre d'Enfant de Marie et il l'ajoutait souvent à sa signature, soit à la fin de ses lettres, soit en tête de ses devoirs.

Son *Manuel de Congrégation* était son livre de prédilection.

Pendant les vacances, il avait conservé la coutume de réciter l'office de la Sainte Vierge les mêmes jours qu'au collège.

Comme membre de la Conférence de Saint-Vincent-de-Paul, il eut l'occasion de manifester son amour pour les pauvres.

Il ne puisait dans sa bourse que pour eux et pour les bonnes œuvres recommandées dans l'établissement, se privant des friandises qu'il aurait pu s'accorder, sauf quand il estimait utile d'en partager avec quelques-uns de ses condisciples.

C'était pour son cœur compatissant une vive satisfaction, chaque fois que, le dimanche, revenait son tour d'aller, avec son groupe, sous la conduite du professeur qui était le directeur de la pieuse société, visiter les familles pauvres dans quelque village éloigné.

Il charmait ces humbles villageois par son affabilité enjouée, empruntait leur langage et entrait, par ses questions délicates et touchantes, dans les détails de leurs besoins. Sa présence seule était pour ces malheureux un rayon de bonheur et, longtemps après sa mort, ils n'en parlaient qu'avec des larmes. Que de chapelets furent dits avec une ferveur particulièrement agréable à Dieu, sous ces toits de chaume, devant le Crucifix et l'image de la Vierge, dont plusieurs étaient un don de sa main, pour l'éternel repos du *jeune Monsieur si bon, si gai, qui parlait si bien !* « Quel bon missionnaire il fera ! » disaient ceux qui le voyaient parler et agir ainsi.

Il savait faire partager à ceux qui l'accompagnaient son amour enthousiaste pour les pauvres et, bien des fois, il entraînait toute la bande à leur rendre des services qui les obligeaient autant que la besogne égayait les manœuvres improvisées.

Pendant une chaude après-midi d'été, où la petite troupe venait de faire un goûter champêtre avec le lait acheté à une ferme isolée, le ciel se chargea tout à coup de nuages et l'orage s'annonça menaçant. La maison rustique était entourée d'une petite prairie où le foin bien séché était bon à rentrer. Il eût été bien dommage de ne point mettre à l'abri la précieuse provision. Mais il n'y avait là qu'une bonne petite vieille, encore vigoureuse, il est vrai, incapable, cependant, d'entreprendre seule ce travail : *son vieux*, tout cassé, n'y aurait guère avancé.

François, qui s'y entendait, considère le temps, puis, après avoir murmuré quelques mots à l'oreille du professeur, il invite les vaillants à se joindre à lui, et garantit que le foin sera serré avant les premières gouttes de pluie.

On dépose les vestes sur le gazon ; quelques-uns s'arment d'un instrument quelconque et tous se mettent à l'œuvre. Il organise son monde ; chacun est heureux de lui obéir.

En moins d'une heure la place est nettoyée et la grange garnie. Les vieux en pleuraient de joie et il fallut, bon gré mal gré, accepter la récompense offerte par les braves gens. Du fond de la vieille armoire, seul ornement de l'unique pièce habitée, fut tiré un *pichet* gardé pour les grandes circonstances, et tous burent à la santé de *Philémon et Baucis* un verre de bon cidre du pays.

A partir de ce jour, on revint souvent au petit vallon où se cachait, sous les vieux chênes, au bout d'un étroit sentier bordé de haies hautes et touffues, le logis modeste mais tout propret.

Barbet, le chien fidèle, connut désormais les *amis de la maison :* il distinguait de loin les voix de la bande joyeuse et avait pour les annoncer des aboiements que comprenait sa maîtresse. La longue table était aussitôt débarrassée et servie.

Sur le seuil de la porte, la bonne hôtesse attendait souriante, et, d'aussi loin qu'on pouvait s'apercevoir, sa voix aiguë arrivait portant le plus solennel salut qui fût d'usage autour d'elle.

On trouvait toujours abondance de lait frais que donnait la vache de l'étable qui, elle aussi, était devenue une *connaissance* et avait de temps en temps une visite et des caresses. Le nombre des écuelles de terre avait été peu à peu doublé pour qu'il ne fût plus besoin de se les passer les uns aux autres.

François tenait le haut de la conversation

et trouvait à propos le mot pour égayer.

Le bon temps qu'on passait ainsi ! heureux à peu de frais et exerçant, en se jouant, un apostolat qui faisait du bien à tous.

On se disait : « au revoir ! » en fixant le jour de la visite suivante qui ménageait souvent quelque surprise : une écuellée de noisettes, les fruits choisis du verger, qui, dès lors, eurent une double valeur ; un jour même la hache impitoyable avait eu raison des plus belles branches d'un vieux cerisier qu'on put ainsi dépouiller sans danger et sans peine.

Tous ceux qui goûtèrent là combien il est facile de gagner ces cœurs simples et sensibles se souviendront longtemps de la *bonne mère Simon* et de *son vieux*. Plus d'un de ceux qui seront prêtres un jour auront senti, là peut-être pour la première fois, s'éveiller en eux ce zèle qui pousse, aujourd'hui, tant d'âmes sacerdotales vers les œuvres ouvrières et leur fait opérer des prodiges.

François aimait ces honnêtes villageois : il savait gagner leur affection. On ne pouvait s'empêcher de rêver alors à l'avenir et de penser tout bas ce que quelques-uns lui disaient tout haut : « Quel bon curé de campagne ! comme on l'aimera ! »

Ses maîtres, témoins de son savoir-faire, considérant les inclinations de cette âme ardente, aussi habile que libérale à se donner, se demandaient si Dieu ne l'avait pas marqué pour en faire un de ces apôtres populaires qui ont reçu du ciel le secret de remuer le peuple au nom de la religion.

Ce n'était, hélas ! qu'un rêve, et il devait être bien court.

Lorsque, l'été suivant, le groupe revint visiter le vieux couple, François ne parut point. Il était retenu au loin par le mal terrible qui allait le ravir à tant et à de si douces espérances.

Les vieux amis lui témoignèrent un intérêt touchant, n'osant point, cependant, s'arrêter à la pensée qu'ils ne le recevraient plus sous leur toit. Lui, ne les oubliait pas et il en parlait avec un affection qu'il porta jusqu'au ciel.

XIV

PIEUSE AMITIÉ

Dieu avait ménagé à François les encouragements et l'appui d'un ami vertueux, en qui il trouva le trésor dont parle l'Ecriture.

Jean-Baptiste Dulac, un peu plus âgé que lui, était alors en rhétorique.

Comme celui dont il fut d'abord l'ange visible et ensuite l'émule en ferveur et en générosité, il connaissait les tristesses intimes et les douloureuses anxiétés d'une piété filiale éprouvée et inquiète.

Sous les apparences d'une gaieté toujours communicative, avec tous les charmes extérieurs d'une nature délicate et d'un caractère élevé, il cachait de cruels ennuis, et, lui aussi, il se sentait le cœur oppressé quand sa pensée se portait vers son lointain foyer.

Investi d'une charge qui l'obligeait à par-

courir, plusieurs fois la semaine, au commencement de la récréation qui suit le dîner,
les différents étages de la maison, il entrait
chaque fois saluer le professeur qui avait été
son premier maître, à son arrivée dans l'établissement. C'était le directeur même de
François. Il lui avait confié toutes ses peines
secrètes : aussi, venait-il souvent à lui comme
pour se soulager en lui parlant de ses chagrins. Il n'était pas rare que le bon sourire
qui accompagnait son salut gracieux fît
place, dès son entrée, aux larmes qu'il laissait alors couler librement. Après quelques
instants, il se relevait consolé, déchargé par
cette expansion d'une douleur trop contenue.
Il s'arrêtait quelques minutes à la chapelle
et reparaissait sur la cour alerte et prêt à
prendre part aux jeux les plus bruyants.

Des premiers, il avait remarqué le changement opéré dans son condisciple : il en
avait suivi les phases diverses avec cet intérêt
et ce zèle qui distinguent les jeunes gens sincèrement pieux et ardents.

Les âmes pures ont, à cet âge charmant,
un instinct qui les rapproche et les unit.

Le jeune homme qui a conservé la piété de son enfance et a constamment dirigé, à mesure qu'elle s'est développée, sa sensibilité vers les choses d'en haut, vers l'amour éternel, est poussé, comme la plante qui cherche le soleil, vers ceux dont le front garde la parure de l'innocence et dont l'âme exhale le parfum de la vertu. Et puis, quand il ressent les premières secousses de la guerre qui attend tout jeune homme chrétien, résolu à vivre sans tache, il éprouve, aux premiers coups de cette lutte, le besoin de n'être point isolé dans les assauts de ce long combat.

François Tixier et Jean-Baptiste Dulac se comprirent et s'aimèrent. Ils se donnèrent la main et marchèrent ensemble, d'un pas égal, dans les sentiers de la grâce et de la vertu, s'aidant d'un exemple réciproque et s'animant à faire du bien autour d'eux.

Ils venaient ensemble s'agenouiller à la Table-Sainte, non seulement le dimanche, mais aussi parfois dans la semaine : ils communiaient, alors, à une messe plus matinale, et trouvaient ainsi le profit d'une communion de plus, sans rien retrancher à l'étude.

Chaque communion leur communiquait un accroissement de force et embrasait leurs âmes d'un plus vif amour pour Notre Seigneur, et leurs cœurs puisaient au cœur de Celui qui porte avec Lui le feu de sa charité divine cette soif d'apostolat qui est l'expansion de l'amour.

C'est une chose admirable, que l'espèce d'intuition qui désigne aux jeunes gens vertueux les cœurs les mieux disposés à partager leurs pieuses émotions.

Admirable aussi est l'industrie de ces jeunes apôtres, dont le zèle franc et naïf comme leur candeur va droit au but et remporte des victoires sérieuses et durables.

Les deux amis animés de cet esprit s'employèrent activement à entraîner à leur suite plusieurs de leurs condisciples, et ils virent leur apostolat couronné de succès.

Ils l'exerçaient d'ailleurs avec cet attrait séduisant de la vertu qui vient rehausser la grâce naturelle de l'adolescence.

L'un et l'autre avaient cette distinction du jeune homme qui porte au cœur l'amour des choses du ciel, au front l'épanouissement d'une conscience pure, aux lèvres le sourire de la gaîté chrétienne, dans la démarche la simple fierté d'une nature noble et loyale, dans les relations la sincérité d'une âme ouverte et confiante.

A les voir et à les entendre, on sentait que ces deux âmes brûlaient de la même flamme divine des saints enthousiasmes, qui fait germer la vocation aux dévouements sublimes et précipite dans les grandes voies du sacrifice.

Unis dans les transports d'un même élan vers Dieu, ils aspiraient à se montrer un jour vrais enfants de l'Eglise, dont les souffrances conviaient leur généreuse ardeur à travailler, à vivre et à mourir pour elle.

Ils ne devaient, hélas ! que lui laisser le parfum de leur vertueuse jeunesse et de leur mort bénie, avant d'avoir pu la servir de leur intelligence et de leurs labeurs.

Belles et ravissantes fleurs ! ensemble épanouies sous les tendres auspices de la Vierge Immaculée, aux chauds rayons du soleil eucharistique, elles devaient ensemble passer de cette terre au jardin du Paradis, dans la fraîcheur de leur printemps. Marie, après avoir cueilli, aux premiers jours de son mois béni, l'une tout embaumée d'innocence, allait, au même jour, préparer l'autre à se purifier dans l'atmosphère de la souffrance, pour la cueillir à son tour, au prochain anniversaire du jour où elle lui avait souri, aux grottes de Massabielle.

Et le prêtre confident de ces deux chers enfants devait les voir bientôt, l'un s'éteindre presque subitement dans ses bras, et l'autre, au sortir de la chambre mortuaire, où gisait son ami emporté par une maladie foudroyante, devançant de quelques heures le cercueil du défunt, s'éloigner, marqué du signe d'une mort prochaine.

Le jour de l'Ascension, 3 mai, les deux amis avaient fait ensemble la sainte Communion. Peu d'instants après, Jean-Baptiste Dulac fut pris d'un léger accès de fièvre et dut se rendre à l'infirmerie. L'indisposition persistait, sans cependant inspirer la moindre inquiétude, lorsque le dimanche, dans l'après-midi, des symptômes graves se manifestèrent tout à coup si alarmants qu'on put craindre une catastrophe imminente.

Le professeur qui était son confident accourut à son chevet. Le matin, il l'avait trouvé avec sa bonne humeur ordinaire et, comme il s'offrait à donner de ses nouvelles à sa famille, le malade lui demanda de n'en rien faire, ne voulant pas inquiéter *pour si peu* sa mère. Et quatre heures après, il entendait les pas de la mort qui fondait sur lui. « Je vais donc mourir », dit-il, avec un effroi qui se lisait sur ses traits bouleversés, quand il aperçut le prêtre accouru au premier signe d'inquiétude ; et il se soulevait sur sa couche, comme pour lutter contre le mal qui le terrassait à l'improviste. Ce trouble partait sans doute des préoccupations de son amour filial, car il ajouta aussitôt cette exclamation touchante : « Ma mère ! » C'était un déchirement cruel pour son bon cœur de penser que cette mère, dont les tristesses lui avaient causé tant de tourments et fait verser tant de larmes, allait recevoir le coup le plus terrible pour son amour maternel déjà si éprouvé. Il lui était resté le dernier d'une famille nombreuse.

Il baisa pieusement une image de la Très Sainte Vierge, Notre-Dame du Perpétuel-

Secours, qu'il avait beaucoup honorée et invoquée, et, reprenant toute l'énergie de sa foi, il tourna sans effort toutes ses pensées vers le ciel. Il fit, avec une admirable résignation, son acte d'abandon à la volonté divine, récita à haute voix le chapelet et répéta, tant qu'il put parler, les pieuses invocations qui lui étaient suggérées.

M. le Supérieur, qui était son confesseur, profondément ému, lui administra les derniers sacrements. La langue du malade s'embarrassait de minute en minute davantage et, quand il reçut le Saint-Viatique, il ne pouvait déjà plus que manifester par signes ses pieux sentiments.

Pendant les onctions, ses yeux semblèrent suivre une vision qui passait, puis, ils se fixèrent immobiles, comme absorbés dans une contemplation profonde.

M. le Supérieur lui fit, d'une voix souvent suffoquée par la douleur, les recommandations de l'âme et reçut le dernier soupir de cet enfant qu'il estimait et aimait.

Au retour de la promenade qu'avaient partagée presque tous les professeurs, attirés dans là campagne par un beau soleil de printemps, la lugubre nouvelle d'un coup si inattendu venait saisir tout le monde sur le seuil même de la cour d'entrée. Des premiers, le professeur de Jean-Baptiste Dulac, directeur de la Congrégation, se rendit à l'infirmerie et ne put retenir un cri de douleur en voyant la triste réalité. On fermait les yeux à cet enfant qu'il avait connu dans l'intimité et dont il avait apprécié les qualités naturelles et les solides vertus.

Un nuage de deuil et de désolation planait sur toute la maison : tous les jeux restèrent suspendus, même parmi les plus petits enfants. On eût dit que tous avaient perdu un frère chéri. Abattus et attristés, ils semblaient craindre de se parler trop haut, comme pour respecter le silence d'une chambre mortuaire.

C'est que Jean-Baptiste Dulac, à qui l'estime de ses condisciples et la confiance de ses maîtres avaient attribué l'importante charge de questeur des deux divisions, était connu de tous.

Doué d'un vrai talent pour les rôles comiques dans les pièces de théâtre, il avait charmé bien des fois le jeune auditoire et son dernier succès, le plus éclatant de tous, était tout récent.

Tous voulurent le voir sur son lit de mort, et les plus petits insistèrent pour qu'il leur fût accordé de dire un dernier adieu à celui que tous aimaient.

Lorsque, au sortir de la chapelle, le cercueil traversa les rangs et qu'on le plaça sur le char funèbre qui devait le transporter à la gare voisine, les sanglots éclatèrent de toute part et les chants s'éteignirent dans les larmes.

Le zèle de Jean-Baptiste Dulac ne s'était pas seulement exercé dans l'établissement. Il laissait un souvenir plein d'édification dans la petite ville près de laquelle il passait les vacances et où il était, pour les jeunes gens qui le fréquentaient alors, un compagnon aimable et, au besoin, un conseiller précieux.

Le lendemain même de sa mort, un de ses amis de vacances lui en rendait, sans le savoir, un précieux témoignage.

Elève d'un autre établissement, ce jeune homme avait dû, à son amitié pour Jean-Baptiste Dulac et aux bons conseils de celui-ci, de se conserver au milieu des plus graves dangers. Au moment même où son sage conseiller agonisait, il lui écrivit une lettre touchante où il rappelait ce qu'il devait à son amitié. C'était un hommage qui eût réjoui le cœur de l'ami vivant et qui venait honorer son cercueil et bénir sa mémoire.

Peu d'heures avant les funérailles de son ami, François avait été rappelé en toute hâte par un nouveau deuil de famille.

Ainsi, le même jour, presque à la même heure, ces deux pieux amis quittaient pour toujours la maison bénie où ils avaient tant aimé la Sainte Vierge, si courageusement servi Notre Seigneur, et où ils s'étaient connus, estimés et encouragés à la piété.

XV

MALADIE

En s'éloignant sous le coup du double deuil qui attristait son cœur, François était peut-être loin de penser qu'il ne devait plus revoir le séminaire. Cependant, depuis quelque temps déjà, il se sentait atteint dans ses forces physiques. Le jour même de la mort de son ami, il n'avait pu prendre part à la promenade commune et avait demandé l'autorisation de ne point sortir. Plusieurs fois, il s'était plaint d'un malaise général et il avait cru aussi remarquer que le travail de l'étude lui était devenu plus difficile.

Il partit, emportant sous l'apparence d'une simple fatigue les germes d'une maladie qui était, hélas! sans remède.

Presque dès son arrivée dans sa famille il

fut obligé de s'aliter et ne put même assiter au service funèbre.

Après quelques jours de langueur, la fièvre s'accentua et le médecin reconnut les premiers symptômes d'un mal impitoyable. En attendant une amélioration qui, de jour en jour, lui paraissait plus lente à venir, François se fit, de concert avec son directeur, un règlement de malade et il l'observa avec une scrupuleuse exactitude presque jusqu'à son dernier jour.

Il remplaça l'assistance quotidienne à la sainte messe par l'exercice du chemin de la croix qu'il faisait avec un Crucifix indulgencié à cet effet.

Après une courte lecture méditée, il s'acquittait de ses dévotions ordinaires et récitait chaque jour les litanies de Notre-Dame du Pepétuel-Secours, dont l'image et celle du Sacré-Cœur étaient fixées au mur, près de lui, sous ses yeux.

Dans l'après-midi, il lisait un chapitre de l'*Imitation de Jésus-Christ*, pieuse coutume qu'il avait depuis plusieurs années. Le soir, il récitait seul ou avec sa mère le chapelet en entier.

Il se montra dans la maladie ce qu'il avait été en santé, depuis qu'il s'était attaché, sans partage, à Notre Seigneur.

Toujours calme et patient, il s'efforçait de laisser le moins possible paraître ce qu'il souffrait, pour diminuer les inquiétudes autour de lui et inspirer aux autres une confiance que lui-même perdit bien vite. Et cependant, à ses souffrances physiques venaient se joindre, pour son cœur, des froissements qui mettaient à l'épreuve sa force d'âme.

« Les occasions de pratiquer la patience, écrivait-il, ne me manquent pas, non seulement à cause de mon long séjour au lit et des remèdes peu agréables auxquels il faut me soumettre, mais encore pour d'autres causes qui m'exercent bien davantage. »

Il faisait allusion aux réflexions amères de certains membres de sa famille, reprenant une attaque systématique que rien ne déconcertait.

Pour l'arracher au petit séminaire, on rejetait sur son séjour dans cet établissement la crise que subissait son état de santé. Les invectives attaquaient même ses pratiques de piété et remontaient jusqu'à ses maîtres qu'il vénérait et aimait.

La mère n'était pas épargnée dans ces récriminations, et il y avait là, pour le pauvre enfant, une source de profonde douleur.

Il savait que la meilleure réponse était le silence. Il offrait à Dieu ces souffrances intimes pour l'expiation de ses fautes et le salut de ceux qui lui était chers, sanctifiant cette épreuve par la prière et l'esprit de sacrifice.

Plusieurs fois, il fit d'héroïques efforts pour se ménager la consolation d'entendre la sainte Messe et faire la sainte Communion dont il était privé depuis son départ du séminaire.

« J'ai supporté toute cette nuit, écrivait-il le 1er juin, fête du Sacré-Cœur, une soif ardente, espérant avoir ce matin la force de me rendre à l'église recevoir Notre Seigneur, mais il m'a été impossible de me lever... Je crains, ajoutait-il, que cette privation ne soit une punition pour n'avoir pas assez bien profité de mes communions fréquentes depuis deux ans. »

Le dimanche, 24 juin, il put enfin satisfaire son pieux désir et s'approcher des sacrements ; mais, à l'église, il fut saisi d'un froid subit qui l'obligea de se retirer avant la fin de son action de grâces. C'était la dernière fois qu'il paraissait dans cette église où il avait reçu tant de grâces et aussi tant édifié.

Il renouvela bien des fois les mêmes efforts pour s'y traîner encore, mais en vain, et il se vit réduit à prier son vénérable curé de venir le confesser tous les quinze jours.

Cependant, la maladie suivait son cours avec une effrayante rapidité. Plusieurs médecins avaient été appelés et ils furent unanimes à reconnaître les caractères d'une phtisie galopante.

Sa docilité à tous les désirs de sa mère lui faisait accepter sans murmure tous les remèdes qui lui étaient prescrits ; mais il eût préféré ne prendre que l'eau de Lourdes.

Aussi, quand sa bonne mère lui annonça une seconde consultation des médecins, il ne put retenir ses larmes, disant qu'*il ne voulait plus d'autre médecin que la Sainte Vierge.*

Cette femme chrétienne, bien digne de

son vertueux fils, tout en voulant épuiser les moyens humains pour sauver son enfant tant aimé, mettait, elle-même, toute sa confiance en Marie.

Elle écrivait : « Je prie la Très Sainte Vierge d'inspirer aux médecins le bon remède, car je sais bien que, d'eux-mêmes, ils ne le trouveraient point... Il n'y a que la Mère de Dieu qui puisse le leur indiquer... Je ne passe pas un quart d'heure sans demander à la Sainte Vierge de me laisser mon enfant ; mais, ajoutait-elle, à la condition qu'il soit fidèle à son divin Fils. Si, au contraire, il devait plus tard se perdre à jamais, j'aime mieux le voir partir à présent. »

Il reçut la sainte Communion, dans sa chambre, le matin de l'Assomption, et renouvela, à cette occasion, son acte d'abandon à la volonté de Dieu.

Il écrivit le jour même : « J'ai offert à Dieu ma consécration et le sacrifice de ma vie... je suis prêt à la mort... »

La faiblesse du malade augmentait chaque jour et son état devenait de plus en plus inquiétant. Mais son union à Dieu était constante et il regardait les progrès du mal comme un acheminement vers les joies du Paradis. Il se reposait sans crainte sous la main de son Père céleste, dont il voyait en tout la paternelle et bonne Providence. Il ne trouvait de charmes qu'à parler de l'éternelle vie dont l'aurore lui paraissait prochaine et il oubliait alors ses souffrances, tant le ciel l'attirait.

Quand il était seul avec sa mère, il laissait libre cours à ses aspirations : il la consolait en mettant en parallèle les tribulations de cette vie et les rares satisfactions qu'on y rencontre avec les jouissances sans fin d'un bonheur sans mélange et les joies de se retrouver réunis auprès de Dieu, sans crainte d'être jamais séparés.

Pauvre mère ! elle aussi imposait silence à la nature pour suivre les transports pieux de son enfant et s'abîmer avec lui dans la volonté de Dieu, qu'il lui faisait adorer et aimer.

Faisant part au confesseur de François des résultats de la consultation des docteurs, elle écrivait, le 27 août : « Vous ne recevrez point aujourd'hui de lettre du cher malade : il est très fatigué... tout lui arrive par la permission du bon Dieu, qu'il aime tant. Il s'est confessé ce matin. M. le curé lui apportera la sainte Communion samedi, pour la clôture de notre neuvaine. Il prie de tout son cœur malgré sa grande faiblesse... Au lieu du pèlerinage de Lourdes que nous désirions tant faire, je vois bien que la Sainte Vierge lui fera faire le voyage de l'éternité... Bientôt je n'aurai plus mon fils qui faisait, ici-bas, mon unique bonheur... Mais je dois m'estimer heureuse qu'il remplisse toujours si fidèlement et d'une manière si édifiante ses devoirs de piété. Je m'estime heureuse, dans mon malheur, de donner au bon Dieu mon enfant pour le ciel. Mais la séparation est bien dure et le ciel est acheté par bien des épreuves. Je ferai mon possible pour me résigner et rester bien près du bon Dieu. »

Lui-même écrivait dans un moment de calme : « J'ai bien pensé à la mort... je suis prêt, si c'est la volonté de Dieu... Mon âme est dans une tranquillité parfaite. Je suis assez patient, et s'il m'échappe quelque *holà !* ce n'est point par impatience... Je ne manque à aucun de mes exercices de piété... »

Ce sont les dernières lignes qu'ait pu tracer sa main tremblante. Il les avait écrites de son lit avec beaucoup de peine.

Il accepta, avec empressement, la proposition d'une autre neuvaine à la Très Sainte Vierge.

A mesure que son état s'aggravait et qu'il sentait moins d'espoir de guérison, sa ferveur semblait toujours augmenter et sa prière était presque continuelle.

Son invariable sérénité créait autour de lui une atmosphère de résignation à la volonté de Dieu et de confiance filiale en Marie, et faisait régner dans ce foyer, tant attristé de souvenirs et de menaces de mort, une paix tranquille et sereine comme son âme.

XVI

LES ADIEUX

Le samedi, 1er septembre, se terminait une neuvaine à Notre-Dame de Lourdes, pèndant laquelle bien des prières avaient été offertes pour l'intéressant malade. Le curé de la paroisse lui porta, le matin, la sainte Communion.

Le médecin trouva l'état général si alarmant qu'il crut devoir faire pressentir que le fatal dénouement approchait.

La pauvre mère fut atterrée.

L'impression fut si violente, malgré son admirable résignation, qu'elle eut un commencement de congestion cérébrale avec une paralysie momentanée du côté droit.

Le soir, se trouvant un peu mieux et faisant un effort surhumain, elle écrivait au confesseur de son fils : « Si vous voulez voir votre fils spirituel, qui vous désire beaucoup, il est temps : aujourd'hui, vendredi, il a été plus mal que jamais... le dernier moment approche... J'en fais le sacrifice à Dieu... C'est un saint de plus pour le ciel. Il a fait ses exercices de piété et les prières de la neuvaine comme tous les jours. Cependant, ce soir, il n'a pu faire encore son chemin de croix ordinaire... »

Cette lettre était bientôt suivie d'une dépêche qui annonçait que le malade touchait à sa fin.

Le prêtre, qui avait suivi avec un intérêt croissant et une affection toute paternelle l'action progressive de la grâce sur cette belle âme, demandait à la Sainte Vierge à qui il l'avait confiée, la consolation de l'assister à son départ de ce monde.

Il était en prière au pied de l'autel de Marie quand la dépêche lui fut remise. Il partit aussitôt, heureux de porter au pieux enfant, que Dieu lui réclamait, avec ses consolations suprêmes, la bénédiction d'un saint évêque, auprès duquel il passait les vacances, chaque année, et qui savait tout ce que son cœur de prêtre, voué spécialement aux vocations sacerdotales, pleurait, dans cette fin prématurée, d'espérances prêtes à s'évanouir.

Partagé entre la confiance de revoir son enfant de prédilection encore vivant et la crainte d'arriver trop tard, il priait pendant le trajet, et les paroles du bréviaire répondaient aux sentiments qui l'oppressaient. L'office de matines mettait précisément sous ses yeux et sur ses lèvres ces exclamations du saint homme Job, parlant de la brièveté et de la fragilité de la vie humaine : *Le petit nombre de mes jours va finir bientôt... Souvenez-vous de moi, Seigneur, parce que ma vie s'évanouit comme un souffle...*

C'était comme l'écho de la voix du jeune agonisant qui arrivait jusqu'à lui.

François, en effet, avait compris que ses instants étaient comptés. A cette heure même, il confiait à sa mère les derniers épanchements de son cœur de fils et de chrétien, dans un long entretien dont toutes les paroles ont été recueillies comme un legs précieux

« Je vais mourir, ma pauvre mère ! je regrette pour toi de m'en aller maintenant...

Je ne t'oublierai pas, sois tranquille, ni mes petits frères... Moi, je vais au ciel... Je ne faisais aucun cas des biens de ce monde, je ne considérais que le ciel... Ma part de fortune à moi, c'est le ciel... Nous nous retrouverons là-haut... Je te remercie bien des corrections que j'ai reçues de toi ; c'est grâce à ce que tu m'as appris quand j'étais tout petit que je suis devenu tel que tu me vois... Elève bien chrétiennement mes frères... Je ferai pour toi ce que je pourrai là-haut... »

Il lui exprima quelques vœux que sa piété avait formés et la pria de les accomplir.

Il avait la pensée de donner à son église, le jour où il pourrait disposer des biens que lui laissait son père, l'ostensoir d'or où il voulait que reposât le corps sacré de Notre Seigneur, comme sur un trône élevé par ses mains. Il voulait aussi donner une belle statue de la Sainte Vierge, espérant par là contribuer à faire honorer davantage sa céleste Mère et lui payer son tribut de filiale gratitude.

Prêt à sortir vainqueur des luttes de ce monde dont il avait connu les dangers, il proclamait ainsi, avant de toucher la palme du triomphe, qu'il devait tout à ses deux dévotions, la sainte Communion et la confiance en Marie.

Il voulait que ce double gage de son dévouement pour la Très Sainte Vierge et de son ardent amour envers Jésus-Eucharistie fût l'écho prolongé de sa voix mourante. Ainsi se perpétuerait le souvenir des délices qu'il avait goûtées à s'abriter sous la protection de la Reine du ciel et de la force qu'il avait trouvée dans la communion fréquente (1).

D'après ses désirs encore, les économies qu'il laissait sur l'argent de ses menus plaisirs devaient être distribuées en aumônes ou consacrées à des messes.

Il confia à sa mère que non seulement il avait voulu se donner à Dieu, mais qu'il s'était senti appelé, s'il avait vécu, à se faire missionnaire.

(1) Pour répondre aux vœux de son enfant, Mme Tixier a doté son église d'un bel ostensoir, œuvre de l'éminent artiste lyonnais, Armand Caillat, d'une statue et d'une bannière de la Très Sainte Vierge, des statues du Sacré-Cœur et de saint Joseph.

Aussi, il recommandait beaucoup à sa charité et à sa générosité toutes les œuvres de missions, ajoutant qu'il avait rêvé de faire d'un de ses domaines un couvent de religieux qui auraient évangélisé la contrée, où la foi est, hélas! bien affaiblie.

XVII

L'ATTENTE DU CIEL

Ce fut une joie bien sensible pour le jeune malade de voir à son chevet celui dont la direction lui était si chère, qui l'avait soutenu dans ses premières luttes et guidé dans son ardeur généreuse.

La tendresse respectueuse, la reconnaissance filiale, la confiance absolue de François pour le directeur de sa conscience rendirent cette entrevue touchante.

C'était aux premières heures du dimanche, 2 septembre.

Le malade reposait, la tête appuyée sur sa main, écoutant afin de saisir les premiers bruits des pas de celui qu'il attendait avec une vive impatience.

Sa figure pâle, mais pleine de calme, s'épanouit d'un sourire de bonheur qui salua le prêtre dès qu'il parut sur le seuil de l'appartement : « Oh ! merci ! dit-il, cher Père, j'avais bien peur que vous ne fussiez pas là au moment... J'ai été bien mal... Je comptais toutes les heures depuis hier... La Sainte Vierge m'a accordé la dernière grâce que je lui demandais, de vous avoir près de moi au moment... (il n'achevait pas, par pitié pour sa mère) — maintenant je suis content... J'ai fait, hier, la sainte Communion et j'ai reçu l'Extrême-Onction, j'étais prêt... il ne me manquait plus que vous, je vous attendais bien... mais j'avais cependant offert encore ce sacrifice à Dieu... »

Son cœur surabondait de joie et son âme était prête à s'envoler. Rien ne la retenait plus ici-bas. Ceux qu'il aimait, il savait qu'il ne les perdait pas et que la séparation des corps était un obstacle de moins à l'union plus intime des âmes. Il attendait avec une admirable foi d'être auprès de Dieu pour pouvoir faire descendre sur eux, en bénédictions célestes, l'expression de son affection et de sa gratitude.

Il avait près de lui ceux à qui il devait,

après Dieu, le plus grand et l'unique bien qui puisse être fait à une âme, et c'est sous leur regard, entouré de leur tendresse, qu'il se voyait sur le point de paraître devant le Dieu qui juge pour l'éternité. La simplicité de sa foi, la sincérité de son amour lui épargnaient la crainte si naturelle à cet instant redoutable : il ne voyait en Dieu que le Père en qui il avait placé ses espérances et ses désirs ; il était tout pénétré de confiance en la générosité de son Rédempteur, qui allait le récompenser de ses efforts et de ses luttes et récompenserait aussi ceux qui l'avaient conduit au port.

Ainsi l'amour de ce cœur si sensible et si délicat lui faisait trouver joie et bonheur, là où il y a ordinairement la tristesse de la douleur, la désolation du deuil.

L'heure était solennelle pour cet adolescent : il avait compris que la vie qui se levait à peine, pour les amis de son âge, avec ses dangers, ses promesses trompeuses et ses illusions, allait s'éteindre pour lui et le faire entrer dans la vie qui, seule, donne le vrai bonheur avec ses félicités inaltérables.

Il disait adieu, sans une ombre de regret, à toutes les espérances les plus séduisantes et il attendait l'aurore prochaine des jours sans fin de l'éternité.

Il était détaché de la terre et disait : « Je ne pense plus qu'à Notre Seigneur, à la Sainte Vierge, au ciel. Le ciel !... Oh ! le ciel !... Voir Jésus !... Marie !... bientôt... aujourd'hui peut-être... Quel bonheur !... Oh ! que je voudrais que ce soit pendant que vous êtes là, mon bon Père !... Je laisserai ici ce corps... la séparation sera bientôt faite... et puis... là-haut !... »

Malgré l'affaiblissement de ses forces, il parlait avec une vivacité qui aurait pu faire croire qu'il n'en était point encore à l'épuisement qui précède la mort. On pouvait appréhender, du moins, que cette surexcitation n'épuisât rapidement les dernières énergies de la vie. Comme son confesseur lui manifestait la crainte de la fatigue que pouvaient amener ses longs entretiens, il répondit :

« Ah ! je suis si content de parler du ciel avec vous !... Quand vous êtes près de moi, vous me guérissez... » Puis, regardant sa mère qui se tenait silencieuse et recueillie, un peu à l'écart, par délicatesse, sans doute, afin de laisser toute liberté à son pieux enfant de s'entretenir cœur à cœur avec le confident de son âme, il dit à demi-voix : « J'aurais souhaité faire le bonheur de ma mère, qui a eu tant d'ennuis, et vous témoigner, cher Père, toute ma reconnaissance, en me montrant fidèle à la voix de Dieu, en tout...

» J'avais espéré que la Sainte Vierge me guérirait hier, à la fin de la neuvaine... Vaut-il mieux désirer vivre ou désirer mourir ?... » A la réponse que le plus parfait était de préférer ce qui plairait davantage à Dieu, il ajouta aussitôt : « Oh ! c'est bien la seule chose que j'ai toujours demandée et que je désire tout à l'heure... La volonté de Dieu... Je ne penserai plus à la vie... »

Comme pour n'avoir plus à rien regarder de la terre, il eut alors un mot de souvenir plein de gratitude pour tous ses anciens maîtres et pour toutes les personnes qui s'étaient intéressées à sa guérison. Il promit de prier pour tous et pour ses condisciples quand il serait auprès de Dieu. Son esprit et son cœur étaient fixés au ciel.

Pendant toute cette journée, la nuit et le jour suivant, qui fut le dernier, il ne cessa de se livrer à des élans d'amour pour Notre Seigneur et la Très Sainte Vierge. Il ne parla plus que pour prier et épancher les sentiments du bonheur anticipé qui transportaient son âme.

La nuit fut mauvaise : le pauvre malade étouffait. Bien qu'il fût épuisé, il lui fallait se tenir assis, sans appui, pour permettre à ses poumons d'aspirer un peu d'air. Mais il ne proférait pas la plus légère plainte. Ses lèvres n'articulaient que des invocations incessantes à Jésus et à Marie. Dans les moments les plus douloureux, ses yeux se fixaient sur le crucifix suspendu devant lui, au rideau de son lit. Souvent aussi il saluait d'un regard d'une inexprimable tendresse Notre-Dame de Lourdes, dont il avait voulu voir la statue placée en face de lui, comme pour lui offrir les derniers élans de son cœur.

Dès que son confesseur, qui le quittait peu, se retrouvait près de son enfant bien-aimé,

celui-ci semblait aussitôt reprendre de nouvelles forces.

Le lundi matin, un peu avant trois heures,
il eut une crise plus forte et on craignit qu'elle
ne fût la dernière. Le malade était comme à
l'agonie. Une sueur abondante coulait sur ses
joues et de son front. Il crut lui-même qu'il
touchait à sa fin : il fit allumer un cierge
bénit qu'il avait rapporté de Lourdes et demanda qu'on appelât en toute hâte son confesseur. Il sembla qu'il n'attendait que de
l'avoir près de lui pour le présenter en quelque sorte à Dieu, et que son âme allait enfin
briser ses chaînes et monter au ciel.

« J'ai bien cru que j'allais mourir sans
vous », dit-il, en le regardant, et comme
l'oppression se calmait : « Je suis si heureux
de vous avoir près de moi, ajouta-t-il, que
votre présence me guérit ».

Et il lui redit combien il voudrait l'avoir à
côté de lui, quand il rendrait son âme à Dieu :
« Père, lui disait-il, demandez que je m'en
aille pendant que vous êtes là!... Oh! qu'il
me tarde!... »

Aimable et docile enfant, il s'était livré si

simplement et si généreusement à la direction de son confesseur qu'il ne cessait de voir en lui le représentant de Dieu, et il goûtait à cette heure la consolation que donne devant Dieu le témoignage d'une obéissance absolue et constante.

Il pria ce cher confesseur d'accepter comme souvenir le crucifix d'argent qu'il portait sur lui. Il lui avait été donné au moment où il s'était tourné vers Dieu ; en l'acceptant, il avait pris, en même temps que la résolution de mettre tout, dans sa vie, en rapport avec sa vocation, l'engagement de le porter toujours, afin qu'il fût comme une voix permanente qui lui prêchât la générosité et la pratique de toutes les vertus. Bien qu'il fût quelquefois meurtri, il ne consentit jamais, pendant sa maladie, à s'en séparer, ni même, lorsque les vésicatoires et un cautère faisaient de sa poitrine une plaie ; il le couvrait de fréquents baisers, ainsi que la médaille de Marie Immaculée.

Il avait le même attachement pour le scapulaire. En le changeant de linge, à la suite d'une abondante sueur qui l'avait mis en nage, on lui en présenta un neuf pour remplacer le sien tout humide ; il préféra garder celui qu'il avait, parce que les liens étaient plus forts. Il voulait s'assurer d'avoir sur lui, au moment de la mort, les livrées de la Très Sainte Vierge.

Il reprit son touchant dialogue avec son confesseur, écouta toutes les recommandations qui lui étaient faites et se chargea de toutes les commissions qu'on lui donna pour le ciel.

Sa mère était là écoutant dans le silence. Sachant avec quelle déférence et quel respectueux empressement il avait toujours accueilli les moindres désirs de son confesseur, elle pria le prêtre de renouveler sa demande que François l'assistât du haut du ciel.

Il promit encore un souvenir particulier pour le Carmel de L..., où on priait beaucoup pour lui depuis deux ans, et dont la Révérende Mère Prieure lui était très dévouée. Dans un oratoire de ce monastère, une lampe brûle en son nom devant un tableau de Notre-Dame du Perpétuel-Secours, au pied duquel, sur l'autel, a été déposée une copie de son règlement de vie.

Il fit les mêmes promesses pour les communautés et toutes les personnes qui s'étaient unies aux neuvaines faites à son intention.

Les crises de suffocation se renouvelaient plus fréquentes.

C'était alors des élans d'amour qui allaient tour à tour au Sacré-Cœur de Jésus, au Cœur Immaculée de Marie, à Notre-Dame de Lourdes, à Notre-Dame du Perpétuel-Secours... Il redit plusieurs fois les belles invocations à Jésus, Marie, Joseph, pour la dernière agonie.

Il était évident que les forces allaient s'épuisant et qu'une crise pouvait l'emporter.

Il était temps de tenir cette âme prête à partir.

M. le curé arriva bien à propos pour lui appliquer l'indulgence plénière.

Le pieux malade souhaitait ardemment cette grâce, comme s'il eût pressenti que son âme, complètement dégagée par cette bénédiction suprême, s'élancerait aussitôt, libre et sanctifiée, au-devant de son Dieu. Il la reçut avec beaucoup de foi et de piété.

Après une courte action de grâces, il se tourna vers son vénérable curé qui, après avoir prié avec lui, le considérait avec une profonde tristesse, mais aussi avec une édification que ressentaient tous les témoins de l'angélique ferveur du cher mourant. Il suivait les progrès de cette tranquille agonie du pieux enfant, pour qui il avait eu un dévouement plein de sollicitude et qu'il aimait avec une tendresse paternelle.

Son fidèle disciple trouva, à cette heure, des paroles délicates et touchantes pour lui redire sa gratitude et son espoir de la mieux manifester quand il serait en paradis.

Le digne curé, ému jusqu'aux larmes, vint s'asseoir près du malade. Celui-ci fixant alors sur lui son regard sembla se recueillir, comme pour repasser dans sa mémoire les principales obligations dues à son premier guide, et en faire une moisson de gratitude qu'il voulait porter aux pieds de Dieu.

XVIII

LA DÉLIVRANCE

Le cher agonisant se sentait purifié par l'absolution qu'il avait reçue une fois encore et par l'indulgence plénière qui venait de lui être appliquée.

Confiant en la miséricorde de Dieu, il n'avait aucune crainte du jugement qu'il attendait. Il savait bien quelle pureté il faut à l'âme pour entrer immédiatement en possession de Dieu : mais il savait aussi avec quelle abondance la miséricorde divine verse sur nos âmes, par l'absolution, le sang de Jésus-Christ. Et puis, il allait à son Juge sous les auspices de la Mère des miséricordes. Il ne pouvait redouter la sentence. « Je m'attends bien au Purgatoire, disait-il dans sa naïve et filiale espérance en Marie, mais j'es-

8.

père que la Sainte Vierge ne m'y laissera pas languir. » Et il racontait qu'il avait eu un rêve où, se voyant à l'extrémité, il avait été assailli par le démon qui se précipitait sur lui... Mais la Sainte Vierge, qu'il cherchait du regard, s'étant aussitôt montrée, elle l'avait recueilli dans ses bras pour le porter au ciel...

Il était tout pénétré de la bonté, de la puissance de notre céleste Mère et il allait à elle avec l'aveugle et absolue confiance du petit enfant qui se presse sur le sein maternel. Il se sentait là non seulement à l'abri, mais encore couvert de la tendresse la plus forte et la plus indulgente.

Aussi, à sa dernière heure, il voulut encore redire une fois, ici-bas, la douce prière qu'avaient tant de fois murmurée ses lèvres et qui avait été son cri de joie, dans les moments si fugitifs de consolation et de bonheur, comme son cri d'espérance, dans les moments d'angoisse et de désolation.

Il demanda qu'on récitât le chapelet. A chaque invocation, il prononçait lentement et distinctement ces mots : « Sainte Marie, mère de Dieu, priez pour nous pauvres pécheurs, maintenant et à l'heure de notre mort... »

Il fallut l'interrompre plusieurs fois, lorsque le malade se trouvait en proie à ses crises d'étouffement. Mais, même alors, il restait recueilli et ne laissait échapper aucune plainte.

Comme on venait d'achever le chapelet, sa mère rappela le souvenir de son fils aîné, mort six ans auparavant, dans ce même lit, en invoquant la Sainte Vierge. Il était de six ans plus âgé que son frère François, à qui il avait laissé le souvenir d'une âme toute pure et toute bonne.

François aimait à parler de son frère Jean, rappelant sa douceur, son intelligence, sa piété. Souvent l'image de ce charmant enfant, dont il était le filleul, revenait le visiter et embaumait son âme du souvenir de ses charmes et de son aimable vertu.

Il prenait plaisir à entendre dire qu'il allait le retrouver. Cette pensée parut un instant le saisir.

Son regard s'anima et prit une expression de joie céleste. Il était transfiguré. Il se souleva pour se mettre sur son séant, puis, levant les yeux au ciel, on eût dit que, perçant les nuages qui l'enveloppent tant qu'elle est unie au corps, son âme, prête à briser ses liens, s'élevant au delà des phalanges glorieuses jusqu'au trône du Dieu trois fois saint, près de Jésus son doux Sauveur, contemplait dans sa divine beauté la Vierge Immaculée, dont l'ombre lui avait déjà paru si belle à Lourdes.

Impuissant à traduire les sentiments de son cœur, il saluait sa Mère, la Reine du ciel, qui allait l'introduire dans la céleste Jérusalem. Il voyait, des yeux de la foi, ses bras maternels se tendre vers lui pour l'accueillir avec tendresse et déposer sur son front la couronne de l'immortalité.

Aussi, il voulut en quittant la terre, fuyant les périls et les terreurs de l'exil, où l'avait guidé l'étoile qui avait souri à sa jeunesse, chanter l'hymne de la délivrance et commencer, ici-bas, par un acte d'amour à Marie, le cantique de l'action de grâces, qu'il allait bientôt continuer là-haut avec les bienheureux.

Deux fois, d'une voix sonore et forte encore, il entonna les premières paroles de l'hymne si chère aux chrétiens et si douce aux fidèles serviteurs de la divine Vierge : *Ave... maris Stella... Dei Mater alma... Ave... maris Stella... Dei Mater alma...* (Salut, étoile de la mer, douce Mère de Dieu !)

Une délicieuse allégresse s'épanouissait sur ses traits : on aurait dit que sa bonne figure s'illuminait sous les rayonnements d'une lumière venant d'un invisible foyer.

Puis, comme si le voile écarté un instant pour lui laisser entrevoir les splendeurs du ciel qui s'ouvrait à lui, s'abaissant tout à coup, lui eût de nouveau dérobé la vision qui l'avait ravi, il poussa un soupir et dit : « Bientôt, je chanterai là-haut ».

Il était près de quatre heures.

Son âme, absorbée par la pensée du bonheur des saints, mais surtout par les ravissants attraits de Marie, était impatiente de se dégager de son corps pour s'envoler, comme la colombe prisonnière, à tire d'aile vers le lieu de son repos.

Son esprit et son cœur, fixés vers Dieu,

montaient et s'élevaient, attirés par l'écho lointain des cantiques des bienheureux et avides de jouir du divin concert.

Il s'était si généreusement détaché de tout pour l'amour de son Dieu, que Dieu lui accordait de goûter, même avant de quitter la terre, les premières joies de la délivrance.

Son âme planait au-dessus de la terre, attendant sur le seuil du ciel. A mesure que la vie se retirait, son intelligence s'illuminait au contact des premiers rayons de la vraie lumière.

Il ne voyait plus ici-bas que celui qui avait été pour lui le représentant de Dieu, à qui il avait obéi comme à Dieu même. Il en recevait, comme des lèvres mêmes de Jésus, ce consolant témoignage : « Courage, bon et fidèle serviteur, parce que vous avez été fidèle dans les petits détails de votre modeste vie, entrez dans la joie de votre Sauveur. »

Plusieurs fois il lui demanda si l'heure de la délivrance était proche et le pressa avec instance de réciter les prières de l'agonie.

Toujours admirable dans son esprit de foi, il pensait que, s'il entendait celui qu'il aimait à entendre lui commander, au nom de Dieu, l'inviter au nom de l'Eglise sa mère, à remonter vers son Créateur, il prendrait aussitôt son essor.

« Mon Père, dit-il enfin, je crois que c'est le moment... je n'ai plus qu'un souffle... dites les prières... Il me tarde d'aller à Dieu... Jésus !... Marie !... Le ciel !... Oh ! que c'est long !... Quand sera-ce donc ?... »

Son confesseur lui ayant répondu que ce serait bientôt, que le moment était proche, il reprit aussitôt : « Ah ! tant mieux ! »

« Tous ceux qui étaient alors présents, écrivait plus tard sa mère, se plaisent à rappeler quel air joyeux il montra, quand il entendit cette parole. Il était si content que tout le monde en était dans l'admiration. »

Tous étaient vivement émus et les sanglots contenus jusque-là éclatèrent.

Le prêtre commença les belles prières de l'agonie. Le pieux mourant répondait aux invocations avec un accent de fervente piété.

Après les litanies, il eut une crise de suffocations très douloureuses. C'était la dernière lutte de la vie. Il considéra d'un regard silencieux et plein d'amour le crucifix suspendu devant lui et qu'il touchait presque de ses lèvres, puis il demanda à son confesseur de prier, ajoutant que cela le soulagerait.

Il prit de l'eau bénite, fit le signe de la croix, baisa le Christ qu'il portait sur lui et laissa reposer sa tête sur son chevet.

L'oppression cessa : la vie fuyait doucement, sans secousse. Il ne souffrait plus.

Tous restaient recueillis et le silence n'était interrompu que par la voix du malade faisant monter vers Dieu ses chères invocations au Cœur de Jésus, à Marie, à saint Joseph...

Nul n'osait troubler ses pieux colloques. Ce cher adolescent, tout transfiguré par la grâce, maintenait autour de lui une impression de religieux saisissement qui élevait les âmes et les pénétrait des mystérieuses grandeurs d'une mort chrétienne.

Il s'était relevé : son visage plein de sérénité et de vie était rayonnant.

Quel spectacle à voir cet aimable enfant assis sur son lit d'agonie, couvert de toutes les grâces des sacrements et de toutes les bénédictions de l'Eglise, sourire à la mort, la trouvant trop lente à venir ; épancher autour de lui la surabondance de sa joie surnaturelle, arrêtant, par son attitude d'heureux prédestiné, l'explosion de la douleur des siens !

Il attendait ce même Jésus qu'il avait si fidèlement reçu dans la sainte communion, pour le posséder, non plus sous les voiles sacramentels, mais à découvert, dans tout l'éclat de sa gloire céleste.

Cependant les forces l'abandonnaient.

Il se reposa de nouveau sur son chevet, et, la tête appuyée sur sa main gauche, tourné vers son confesseur, il arrêta un long et tendre regard d'adieu sur lui.

« Père, dit-il, je suis prêt... achevez les prières. »

Ce fut sa dernière parole à son directeur : c'était une parole de confiance filiale. Il attendait de lui l'invitation solennelle à remettre son âme à son Créateur.

Le prêtre adressa alors à l'enfant bienaimé qu'il rendait à Dieu ce touchant et magnifique congé que l'Eglise donne à ses enfants quand ils s'en vont au ciel : « Partez de ce monde, âme chrétienne, au nom de Dieu le Père tout-puissant qui vous a créée ; au nom de Jésus-Christ, le Fils du Dieu vivant, qui a souffert pour vous ; au nom du Saint-Esprit, qui est descendu en vous. »

Le pieux mourant, dont la respiration était devenue très faible et précipitée, baissa les yeux, dans un acte sublime de conformité aux paroles du prêtre, pour témoigner qu'il acquiesçait avec bonheur à cet ordre qui brisait ses liens pour le laisser s'envoler au ciel.

La voix du prêtre, tremblante d'émotion, poursuivait les invocations sublimes qui convient les légions des anges, le sénat des apôtres, les cohortes triomphantes des martyrs, les confesseurs et les vierges à venir au-devant de l'âme fidèle pour l'introduire au séjour de la bienheureuse paix. Pendant qu'il invoquait toute l'assistance du ciel, rappelant à Dieu la fidélité de son serviteur, implorant toutes ses divines miséricordes, les lèvres du jeune agonisant murmuraient, comme suprême prière où s'exhalait tout ce qui lui restait de vie : « Jésus !... Jésus !...

Jésus!... » Ce nom sacré et le baiser imprimé au Crucifix, qu'on l'aidait à soutenir, étaient comme l'*Amen* de son amour, de son espérance et de sa foi à chaque phrase de l'oraison liturgique.

Près de lui brûlait le cierge bénit de Lourdes, symbole de son filial dévouement à Marie.

Le recueillement le plus profond régnait dans l'appartement, tandis que se consommait l'immolation de cette pure et douce victime.

Les larmes coulaient, mais elles tombaient maintenant silencieuses. On eût dit que chacun se sentait en un sanctuaire où s'accomplissait, à cette heure, la rencontre de cette âme charmante et de son Dieu.

Suffoqué par l'émotion, le prêtre s'arrêta un instant, le mourant leva vers lui ses yeux... puis les ferma presque aussitôt, pour ne plus les ouvrir ici-bas.

A ces paroles : « Recevez, Seigneur, votre serviteur dans le lieu du repos qu'il espère de votre miséricorde... », alors que les soupirs du mourant étaient presque insensibles et qu'il ne donnait d'autre signe de vie que l'invocation du nom de Jésus, ses lèvres pro-noncèrent une dernière fois très distinc-tement : « Jésus !... » baisèrent le crucifix et se fermèrent. Il inclina la tête à l'exemple du divin Maître... tout était consommé.

Il était cinq heures.

François Tixier était âgé de seize ans, deux mois et dix jours.

. . . .

L'âme de ce généreux adolescent avait quitté ce monde. L'union éternelle avec son Dieu qu'il avait tant aimé et servi avec tant de courage était commencée. Il voyait Jésus, qu'il avait tant désiré faire connaître et aimer. Il contemplait Marie qu'il avait tant honorée et priée...

Heureuse mort ! trépas béni ! La mort, triste rançon du péché, se montrait là trans-formée par la grâce en un triomphe.

La pauvre mère s'approcha, embrassa, en l'arrosant de ses larmes, ce fils tant aimé, objet de son admiration maternelle et de si douces espérances maintenant évanouies. Sa résignation chrétienne élevait ses pensées vers Celui qui éprouve pour sauver. Elle savait que son enfant recueillait la récompense d'une vie courte, il est vrai, mais saintement féconde, et l'hymne de l'action de grâce, que n'osaient articuler ses lèvres, s'élevait doucement de son cœur.

Le cher défunt était beau à voir dans l'état où la mort l'avait laissé, tel qu'à son dernier soupir.

Ses paupières légèrement baissées, comme dans un sommeil tranquille, semblaient prêtes à s'ouvrir pour laisser voir ses yeux si limpides et si expressifs ; les lèvres à peine fermées avaient gardé l'empreinte de son dernier baiser à l'image de Jésus crucifié et de son dernier acte d'amour. Ses traits respiraient une paix indéfinissable et une angélique sérénité. Toute sa physionomie, où rien ne trahissait l'absence de la vie, était comme épanouie sous le rayonnement d'une vision bénie.

Il resta ainsi exposé sur le lit funèbre jusqu'au moment des funérailles, sans que sa figure perdît rien de sa sereine beauté. Ses mains croisées tenaient enlacé dans ses doigts son chapelet qu'il n'avait cessé de garder 'près de lui et pressaient sur sa poitrine le crucifix qu'avaient baisé ses lèvres expirantes. On l'eût dit dans l'extase de l'adoration et de la prière.

Les visiteurs se succédèrent auprès de la couche funèbre.

Frappés de ne rien surprendre dans ses traits qui indiquât le passage de la mort, ils le considéraient avec une religieuse émotion et restaient muets d'admiration. Quelques-uns le touchaient avec respect comme pour s'assurer que c'était bien le sommeil de la mort, et disaient : « Comme il est beau!... On dirait qu'il dort!... qu'il prie le bon Dieu... qu'il voit le ciel !... »

TABLE DES MATIÈRES

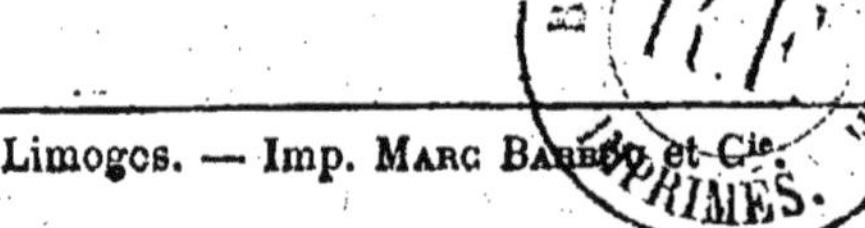

www.ingramcontent.com/pod-product-compliance
Ingram Content Group UK Ltd.
Pitfield, Milton Keynes, MK11 3LW, UK
UKHW021928070726
13614UKWH00001B/312